Kauderwelsch
Band 30

Impressum

O'Niel V. Som
Norwegisch — Wort für Wort
erschienen im
REISE KNOW-HOW Verlag Peter Rump GmbH
Osnabrücker Str. 79, D-33649 Bielefeld
info@reise-know-how.de

11. Auflage 2006

Bearbeitung Peter Rump
Layout Claudia Schmidt
Layout-Konzept Günter Pawlak, FaktorZwo! Bielefeld
Umschlag Peter Rump (Titelfoto: Wolfram Schwieder)
Kartographie Iain Macneish
Fotos Wolfram Schwieder
Druck und Bindung Fuldaer Verlagsanstalt GmbH & Co. KG, Fulda

ISBN 978-3-89416-529-4
Printed in Germany

Dieses Buch ist erhältlich in jeder Buchhandlung der BRD, Österreichs, der Schweiz und der Benelux. Bitte informieren Sie Ihren Buchhändler über folgende Bezugsadressen:
BRD Prolit GmbH, Postfach 9, 35461 Fernwald (Annerod) sowie alle Barsortimente
Schweiz AVA-buch 2000, Postfach 27, CH-8910 Affoltern
Österreich Mohr Morawa Buchvertrieb GmbH, Sulzengasse 2, A-1230 Wien
Belgien & Niederlande Willems Adventure, Postbus 403, NL-3140 AK Maassluis
direkt Wer im Buchhandel kein Glück hat, bekommt unsere Bücher zuzüglich Porto- und Verpackungskosten auch direkt über unseren Internet-Shop: **www.reise-know-how.de**
Zu diesem Buch ist ein **AusspracheTrainer** erhältlich, auf **Audio-CD** in jeder Buchhandlung der BRD, Österreichs, der Schweiz und der Beneluxstaaten oder als **MP3-Download** unter **www.handyglobal.de**
Der Verlag möchte die **Reihe Kauderwelsch** weiter ausbauen und **sucht Autoren**!
Mehr Informationen finden Sie auf unserer Internetseite **www.reise-know-how.de/buecher/special/schreiblust-inhalt.html**

Kauderwelsch

O'Niel V. Som

Norwegisch

Wort für Wort

Kauderwelsch-Sprechführer sind anders!

Warum? Weil sie Sie in die Lage versetzen, wirklich zu sprechen und die Leute zu verstehen.

Wie wird das gemacht? Abgesehen von dem, was jedes Sprachbuch bietet, nämlich Vokabeln, Beispielsätze etc., zeichnen sich die Bände der Kauderwelsch-Reihe durch folgende Besonderheiten aus:

Die **Grammatik** wird in einfacher Sprache so weit erklärt, dass es möglich wird, ohne viel Paukerei mit dem Sprechen zu beginnen, wenn auch nicht gerade druckreif.

Alle Beispielsätze werden doppelt ins Deutsche übertragen: zum einen **Wort-für-Wort**, zum anderen in „ordentliches" Hochdeutsch. So wird das fremde Sprachsystem sehr gut durchschaubar. Denn in einer fremden Sprache unterscheiden sich z. B. Satzbau und Ausdrucksweise recht stark vom Deutschen. Ohne diese Übersetzungsart ist es so gut wie unmöglich, schnell einzelne Wörter in einem Satz auszutauschen.

Die **Autorinnen** und **Autoren** der Reihe sind Globetrotter, die die Sprache im Land selbst gelernt haben. Sie wissen daher genau, wie und was die Leute auf der Straße sprechen. Deren Ausdrucksweise ist nämlich häufig viel einfacher und direkter als z. B. die Sprache der Literatur oder des Fernsehens.

Besonders wichtig sind im Reiseland **Körpersprache, Gesten, Zeichen** und **Verhaltensregeln**, ohne die auch Sprachkundige kaum mit Menschen in guten Kontakt kommen. In allen Bänden der Kauderwelsch-Reihe wird darum besonders auf diese Art der nonverbalen Kommunikation eingegangen.

Kauderwelsch-Sprechführer sind keine Lehrbücher, aber viel mehr als Sprachführer! Wenn Sie ein wenig Zeit investieren und einige Vokabeln lernen, werden Sie mit ihrer Hilfe in kürzester Zeit schon Informationen bekommen und Erfahrungen machen, die „taubstummen" Reisenden verborgen bleiben.

Inhalt

Konversation

Anhang

Vorwort

Hallo, Norwegen-Fahrer! Sie wollen Norwegen richtig kennen lernen? Schauen Sie sich die Landschaft an: klares Wasser, schneebedeckte Berge, steile Fjorde, Mitternachtssonne und überall dichte, gesunde Wälder, Wildnis ... Sicher möchten Sie auch mit den Einwohnern Bekanntschaft machen. Bei Schülern und Studenten wird es keine Probleme geben, wenn Sie Englisch sprechen. Aber trotzdem freuen auch sie sich, wenn jemand anfängt, Norwegisch zu sprechen. Die norwegische Sprache ist sehr ausdrucksreich und hat eine lange Geschichte, die bis in die Wikingerzeit zurückreicht. Wenn Sie auch nur ein wenig davon lernen, werden Sie sehen, wie schnell Sie Kontakt zur einheimischen Bevölkerung bekommen, die sonst eher rau und zurückhaltend ist. Ich habe bewusst darauf verzichtet, nutzlose Touristenphrasen aufzunehmen, wie etwa Bank, Post, Polizei ..., denn dort werden Sie sicher jemanden treffen, der Deutsch oder Englisch kann. Stattdessen habe ich Wert auf wichtige Alltagssituationen gelegt. Dieses Buch soll eine Grundlage zur Verständigung sein, um Ihnen Land und Leute näher zu bringen, und ich hoffe, dass Sie Ihre neuen Kenntnisse sofort anwenden können. Dazu wünsche ich Ihnen viel Spaß und eine gute Reise!

Hinweise zur Benutzung

Der Sprechführer „Norwegisch" gliedert sich in die drei wichtigen Abschnitte „Grammatik", „Konversation" und „Wörterliste".

Grammatik Die Grammatik beschränkt sich auf das Wesentliche und ist so einfach gehalten wie möglich. Deshalb sind auch nicht alle Ausnahmen und Unregelmäßigkeiten der Sprache erklärt. Wer nach der Lektüre dieses Büchleins tiefer in die Grammatik der norwegischen Sprache eindringen möchte, findet im Anhang Hinweise auf weiterführende Literatur. Es ist zwar sinnvoll, den Grammatikteil zumindest einmal zu überfliegen, doch können Sie auch sofort mit dem Konversationsteil beginnen und die Grammatik nur zum Nachschlagen verwenden.

Konversation In diesem Teil finden Sie Sätze aus dem Alltagsgespräch, die Ihnen einen ersten Eindruck davon vermitteln sollen, wie die norwegische Sprache „funktioniert" und die Sie auf das vorbereiten sollen, was Sie später in Norwegen hören werden – denn was man vorher schon einmal gelesen hat, versteht man später viel leichter. Natürlich ist es unwahrscheinlich, dass Sie immer exakt den gewünschten Satz hier finden werden. Benutzen Sie die Beispielsätze also auch als Fundus von Satzschablonen und -mustern, die Sie selbst Ihren Bedürfnissen entsprechend anpassen und verändern.

Wort-für-Wort-Übersetzung

Damit Sie die Wortfolge des Norwegischen in den Beispielsätzen nachvollziehen können, ist eine Wort-für-Wort-Übersetzung ergänzt. Jedem norwegischen Wort entspricht ein Wort in der Wort-für-Wort-Übersetzung. Wird ein norwegisches Wort im Deutschen durch zwei Wörter übersetzt, sind diese in der Wort-für-Wort-Übersetzung durch einen Bindestrich verbunden, z. B.:

Hvor er toalettene?
wo är toalättäne
wo sind Toiletten-die
Wo sind die Toiletten?

Werden in einem Satz mehrere Wörter angegeben, die man untereinander austauschen kann, steht ein Schrägstrich.

Ha det (godt/bra).
ha dä (gott/braa)
hab es (gut)
Tschüss.

Wörter in Klammern können entfallen.

Mit Hilfe der Wort-für-Wort-Übersetzung können Sie die Beispielssätze leicht Ihren eigenen Bedürfnissen anpassen, auch wenn das Ergebnis nicht immer perfekt ist.

Lautschrift

Die Lautschrift, die zu jedem Wort und in den Beispielsätzen (zweite Zeile) ergänzt worden ist, kann ohne jegliche Vorkenntnisse mühelos abgelesen werden, so als handelte es sich um ein deutsch geschriebenes Wort.

Wörterlisten Die Wörterlisten am Ende des Buches enthalten einen Grundwortschatz Deutsch-Bokmål und Bokmål-Deutsch von je ca. 1000 Wörtern, mit denen man schon eine Menge anfangen kann.

Abkürzungen Folgende Abkürzungen werden verwendet:

m	männlich (maskulin)
w	weiblich (feminin)
s	sächlich (neutrum)
Mz	Mehrzahl (Plural)
Nyn	Nynorsk (Neunorwegisch)

Umschlagklappe Die Umschlagklappe hilft, die wichtigsten Sätze und Formulierungen stets parat zu haben. Hier finden sich schnell die wichtigsten Angaben zur Aussprache und eine kleine Liste der wichtigsten Fragewörter, Richtungs- und Zeitangaben. Aufgeklappt ist der Umschlag eine wesentliche Erleichterung, da nun die gewünschte Satzkonstruktion mit dem entsprechenden Vokabular aus den einzelnen Kapiteln kombiniert werden kann.

Wenn alles nicht mehr weiterhilft, dann ist vielleicht das Kapitel „Nichts verstanden? – Weiterlernen!“ der richtige Tipp. Es befindet sich ebenfalls im Umschlag, stets bereit, mit der richtigen Formulierung für z. B. „Ich habe leider nicht verstanden.“ oder „Wie bitte?“ auszuhelfen.

Seitenzahlen

Um Ihnen den Umgang mit den Zahlen zu erleichtern, wird auf jeder Seite die Seitenzahl auch auf Norwegisch plus Lautschrift angegeben!

Die norwegische Sprache

Die skandinavischen Sprachen Dänisch, Schwedisch und Norwegisch sind einander so ähnlich, dass sich alle Skandinavier mühelos untereinander verständigen können, selbst wenn jeder seine eigene Muttersprache gebraucht.

Norwegen war von 1380 bis 1814 durch „Eheschließung" mit Dänemark verbunden und wurde von Kopenhagen aus regiert. Daher wurde die dänische Schriftsprache auch in Norwegen als offizielle Sprache eingeführt.

Nachdem die Verbindung zu Dänemark gelöst worden war und Norwegen in eine Union mit Schweden trat, hielt sich das Dänische nur noch als Verwaltungs- und Unterrichtssprache. Norwegen wollte jedoch die Unabhängigkeit erreichen und, um das Nationalitätsbewusstsein zu stärken, wieder echtes Norwegisch sprechen.

Es gab daraufhin zwei Vorschläge zu einer Sprachreform: Die einen wollten die am reinsten erhaltenen norwegischen Dialekte zu einer neuen Schriftsprache vereinen, und die anderen wollten das bestehende Dänisch durch Einführen norwegischer grammatischer Formen und Wörter in einem langsamen, aber stetigen Prozess „umwandeln".

Im Jahre 1853 schuf der Dichter und Wissenschaftler Ivar Aasen das landsmål (Landessprache), das frei von allen dänischen Ele-

Die norwegische Sprache

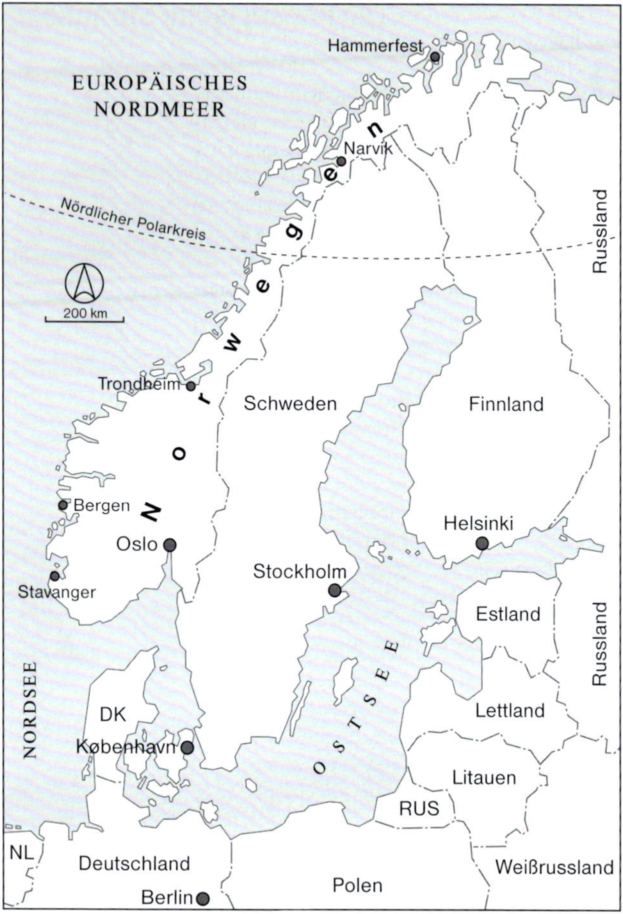

menten war. 1889 entstand, ausgehend vom Dänisch-Norwegischen, das riksmål (Reichssprache).

Nach einigem Hin und Her wurden beide Sprachen als Amts- und Schulsprache gleichgestellt. Als Norwegen 1905 unabhängig wurde, führte man nacheinander vier Rechtschreibreformen durch, mit dem Ziel, diese beiden Sprachen der Umgangssprache anzupassen und einander anzunähern.

Seit 1929 nennt man riksmål offiziell bokmål (Buchsprache) und landsmål wird jetzt nynorsk (Neunorwegisch) genannt. Da bokmål sehr viel weiter verbreitet ist und man damit auch in Dänemark und Grönland durchkommt, ist dieses Buch hauptsächlich in bokmål geschrieben. Ich gebe allerdings auch, wenn es mir wichtig erschien, die jeweiligen nynorsk-Ausdrücke an (gekennzeichnet mit der Abkürzung Nyn).

Aussprache & Betonung

Viele Selbst- und Mitlaute werden im Norwegischen ganz anders als erwartet ausgesprochen.

Selbstlaute (Vokale)

o	kurzes „o“ (kurz) wie in „M**o**tte“ **om** omm (ob, falls, um) **foss** foss (Wasserfall) langes „u“ wie in „M**u**t“ **bo** buu (wohnen) **skole** ßkuule (Schule) **noe** nuue (einige, einiges)
u	dumpfes „ü“ **hus** hüüß (Haus)
y	spitzes, helles „ü“, wie in „Süden“ **by** büü (Stadt)
æ	„ä“ wie in „Bär“ **ærlig** äärli (ehrlich)
ø	„ö“ wie in „öffnen“ **øl** öll (Bier)
å	langes offenes „o“, etwa wie in engl. „f**ou**r“ (vier) **åpen** oopen (offen)
au	„äü“ **sau** ßäü (Schaf)
ei	„ai“ **reise** raiße (reisen, fahren)
øy	„öi“ **røyk** röik (Rauch)

Mitlaute (Konsonanten)

-d	am Wortende oft stumm **glad** glaa (froh) **alltid** allti (immer)
-ig	am Wortende wie „i" **herlig** härli (herrlich)
-eg	wie „ai" (nur im bokmål) **jeg** jai (ich) **meg** mai (mir, mich) **deg** dai (dir, dich) **seg** ßai (sich)
kj, tj	weiches „ch" wie in „i**ch**" **kjøpe** chöpe (kaufen) **kjemi** chemii (Chemie) **tjue** chüe (zwanzig) **tj** seltener auch wie „tj" in „**tj**a"
gj, hj	„j" wie in „**J**äger" **gjerne** järne (gern) **hjelpe** jälpe (helfen)
sj, skj	„sch" wie in „**Sch**ule" **stasjon** ßtaschuun (Station, Bahnhof) **beskjeden** bescheeden (bescheiden)
sl	„schl" wie in „**Schl**ange" **slippe** schlippe (nicht brauchen)
gn	„ng" wie in „Wa**ng**en" **regning** raining (Rechnung)
egn	„ain" **tegn** tain (Zeichen)
egl	„äil" **negl** näil (Nagel)
øgn	„öin" **døgn** döin (Tag, 24 Stunden)

v, hv	„w" wie in „**W**asser" **hva** wa (was)
rd, ld, nd	nur „r, l, n", das d bleibt stumm **jord** juur (Erde) **wild** will (wild) **hånd** hoon (Hand)
-t	ist stumm in Artikeln, in **det** und in **-et** als Endung **huset** hüüße (das Haus) **det** dä (das)

Vergleichen Sie aber De *„dii" (Sie)!*

Nur vor hellen Selbstlauten, also i, y, ei, øy, gilt:

k	weiches „ch" wie in „ich" **kysse** chüsse (küssen)
sk	„sch" wie in „**Sch**ule" **skip** schiip (Schiff)
g	„j"wie in „**J**äger" **geit** jäit (Ziege)

Sonst bleibt die normale Aussprache erhalten.

krok	krok	Ecke
skarp	ßkarp	scharf
godt	gott	gut

Betonung

Meistens wird die erste Silbe wie im Deutschen betont. Allerdings werden Endungen u. ä. häufig in einer Tonlage höher gesprochen als der betonte Wortanfang. Für diesen eigenartigen Tonfall lassen sich keine einfachen Regeln angeben. Aber wundern Sie sich nicht über das ständige Auf- und Ableiern der Stimme, wenn Sie einem Norweger zuhören. Sprechen Sie selber einfach die wichtigen Wörter lauter.

Länge

Innerhalb einer Silbe (Sprecheinheit) sind die Selbstlaute vor zwei oder mehreren Mitlauten kurz:

katt	katt	Katze
glass	glass	Glas
fisk	fißk	Fisch
klokke	klokke	Uhr
flaske	flaßke	Flasche

Lang sind die Selbstlaute vor einem Mitlaut oder am Silbenende. Hier gilt: o wird wie „u" ausgesprochen.

hus	hüüß	Haus
bil	biil	Auto
skap	ßkaap	Schrank
gå	goo	gehen
tro	truu	glauben
skive	ßkiiwe	Platte

Kauderwelsch-AusspracheTrainer
*Falls Sie sich die wichtigsten norwegischen Sätze, die in diesem Buch vorkommen, einmal von einem Einheimischen gesprochen anhören möchten, kann Ihnen Ihre Buchhandlung den **AusspracheTrainer (Audio-CD)** zu diesem Buch besorgen. Sie bekommen ihn auch über unseren Internetshop **www.reise-know-how.de** Der **AusspracheTrainer** steht auch als **MP3-Download** unter **www.handyglobal.de** zur Verfügung. Alle Sätze, die Sie auf dem **AusspracheTrainer** hören können, sind in diesem Buch mit einem 👂 gekennzeichnet.*

Wörter, die weiterhelfen

Für die folgenden drei wichtigen Ausdrücke, benötigen Sie keien Grammatikkenntnisse. Setzen Sie einfach ein passendes Wort aus den Wörterlisten ein.

Har du

Die Wortfolge ist genauso wie im Deutschen.

Har du ...? haar dü	Hast du ...?
Har De ...? har dii	Haben Sie ...?
Har du kaffe? haar dü kaffe	Hast du Kaffee?
Har du te? haar dü tee	Hast du Tee?
Har du skjorter? haar dü schurter	Hast du Hemden?
Har du frimerker? haar dü friimärker	Hast du Briefmarken?

Mögliche Antworten sind:

Ja.	**Nei.**
ja	nai
Ja.	Nein.

Es könnte sein, dass jetzt jemand denkt, Sie sprächen perfekt Norwegisch, und damit anfängt, Ihnen erst mal seine Lebensgeschichte zu erzählen.

Jeg vil

Jeg vil gjerne ha ... jai will järne ha *ich will gerne haben ...*	Ich möchte ... haben.
Jeg vil gjerne ha te. jai will järne ha tee *ich will gerne haben Tee*	Ich möchte Tee haben.
Jeg vil gjerne ha kaffe. jai will järne ha kaffe *ich will gerne haben Kaffee*	Ich möchte Kaffee haben.

Jeg vil ikke ha kaffe.
jai will ikke haa kaffe
ich will nicht haben Kaffee
Ich möchte keinen Kaffee haben.

Möchten Sie etwas nicht haben, ersetzen Sie gjerne *(gerne) durch* ikke *(nicht).*

Hvor er

Hvor er stasjonen? wo är ßtaschuunen *wo ist Bahnhof-der*	Wo ist der Bahnhof?
Hvor er hotellet ...? wo är hotälle *wo ist Hotel-das*	Wo ist das ... Hotel?
Hvor er toalettene? wo är toalättäne *wo sind Toiletten-die*	Wo sind die Toiletten?

til høyre	till höire	rechts
til venstre	till wänßtre	links
rett fram	rätt fram	geradeaus

Achten Sie aber auch genau auf die Handbewegungen!

Hauptwörter

Wie im Deutschen haben norwegische Hauptwörter (Substantive) ein grammatisches Geschlecht.

grammatisches Geschlecht

Nicht immer stimmt das grammatische Geschlecht im Norwegischen mit dem Deutschen wie im folgenden Beispiel überein.

Die Klassenzugehörigkeit wird immer angegeben.

hund (m)	hünn	der Hund
sol (w)	suul	die Sonne
land (s)	lann	das Land

Übrigens gab es im bokmål vor der Sprachreform kein weibliches grammatisches Geschlecht, so dass Wörter dieser Klasse wie männliche behandelt wurden. Auch heute noch lässt sich oft nicht genau sagen, ob ein Wort eher männlich oder vielleicht doch weiblich ist.

bestimmter Artikel

Der bestimmte Artikel (der, die, das) ist im Norwegischen eine Endung. Für die Mehrzahl gibt es nur eine Endung für alle drei grammatischen Geschlechter.

m	**-en**	-en	der
w	**-a**	-a	die
s	**-et**	-e	das
Mz	**-ene**	-äne	die

dag	daag	Tag
dagen	daagen	der Tag
kone	kuune	Frau
kona	kuuna	die Frau
barn	barn	Kind
barnet	barne	das Kind
gater	gaater	Straßen
gatene	gaatäne	die Straßen

unbestimmter Artikel

Den unbestimmten Artikel gibt es nur in der Einzahl, er lautet für die drei Geschlechter:

m	**en**	än	ein
w	**ei**	ai	eine
s	**et**	ät	ein

en dag	**ei kone**	**et barn**
än daag	ai kuune	ät barn
Tag	Frau	Kind

männliche Hauptwörter

Männliche Hauptwörter enden u. a. auf -dom, -er, -else, -het, -ikk, -ist, -itet, -nad, -ning, -sjon, -ur. Darüber hinaus gibt es auch noch andere Endungen.

EN	-EN	-ER	-ENE
en fisk	**fisken**	**fisker**	**fiskene**
än fißk	fißken	fißker	fißkäne
ein Fisch	der Fisch	Fische	die Fische
en hage	**hagen**	**hager**	**hagene**
än haage	haagen	haager	haagäne
ein Garten	der Garten	Gärten	die Gärten

Berufsbezeichnungen auf -er gehen wie folgt:

EN	-EN	-E	-NE
en baker	**bakeren**	**bakere**	**bakerne**
än baaker	baakären	baakäre	baakärne
ein Bäcker	der Bäcker	Bäcker	die Bäcker

weibliche Haupwörter

Weibliche Hauptwörter enden in der Regel auf -ing, -inne und viele auf -t, -e.

EI	-A	-ER	-ENE
ei skål	**skåla**	**skåler**	**skålene**
ai ßkool	ßkoola	ßkooler	ßkooläne
eine Schale	die Schale	Schalen	die Schalen
ei gate	**gata**	**gater**	**gatene**
ai gaate	gaata	gaater	gaatäne
eine Straße	die Straße	Straßen	die Straßen

sächliche Hauptwörter

Sächliche Hauptwörter enden auf -dømme, -i, -eri und Ableitungen von Tätigkeitswörtern, wie „Sprung“ (von „springen“). Der angehängte Artikel -et (das) wird nur wie „e" ausgesprochen. Eple und eplet sind also in der Aussprache gleich.

ET	-ET	–	-A / -ENE
et hus	**huset**	**hus**	**husa/husene**
ät hüüß	hüüße	hüüß	hüüßa/hüüßäne
ein Haus	das Haus	Häuser	die Häuser

Mehrsilbige sächliche Hauptwörter gehen so:

ET	-ET	-ER	-ENE
et vindu	**vinduet**	**vinduer**	**vinduene**
ät windü	windüe	windüer	windüäne
ein Fenster	das Fenster	Fenster	die Fenster
et eple	**eplet**	**epler**	**eplene**
ät äpple	äpple	äppler	äppäne
ein Apfel	der Apfel	Äpfel	die Äpfel

unregelmäßige Mehrzahlformen

Einige Hauptwörter bilden die Mehrzahl unregelmäßig.

Einzahl	Mehrzahl	
and	**ender** (w)	Ente
ann	änner	
bok	**bøker** (w)	Buch
buuk	böker	
bonde	**bønder** (m)	Bauer
bonde	bönder	
fot	**føtter** (m)	Fuß
fut	fötter	
høne	**høns** (w)	Huhn
hööne	hönß	
hånd	**hender** (w)	Hand
hoon	hänner	

håndkle hoonklee	**håndklær** (s) hoonkläär	Handtuch
kne knee	**knær** (s) knäär	Knie
kraft kraft	**krefter** (w) kräfter	Kraft
krå kroo	**kræer** (s) kräär	Ecke
ku küü	**kyr** (w) küür	Kuh
natt natt	**netter** (w) nätter	Nacht
mann mann	**menn** (m) männ	Mann
rand rann	**render** (w) ränner	Rand
rot ruut	**røtter** (w) rötter	Wurzel
stad ßtaa	**steder** (w) ßteeder	Stadt
stand ßtann	**stender** (w) ßtänner	Stand
stang ßtang	**stenger** (w) ßtänger	Stange
strand ßtrann	**strender** (w) ßtränner	Strand
tang tang	**tenger** (w) tänger	Zange
tann tann	**tenner** (w) tänner	Zahn
tre tree	**trær** (s) träär	Baum

tå	**tær** (s)	Zehe
too	täär	
øye	**øyne** (s)	Auge
öie	öine	

angrep (s)	angreep	Angriff
besøk (s)	beßöök	Besuch
eventyr (s)	ewäntüür	Märchen
feil (m)	fail	Fehler
forhold (s)	forholl	Verhältnis
høve (s)	hööwe	Gelegenheit
kreps (m)	kreepß	Krebs
mus (w)	müüß	Maus
mygg (m)	müügg	Mücke
sild (w)	sill	Hering
ski (w)	schi	Schi
sko (m)	ßkuu	Schuh
spiker (m)	ßpiiker	Nagel
ting (m)	ting	Ding
våpen (s)	woopen	Waffe

Bei folgenden Wörtern ist die Einzahl identisch mit der Mehrzahl.

Verwandtschaftswörter

bokmål

en far än faar	**faren** faaren	Vater
fedre fädre	**fedrene** fädräne	Väter
en bror än brur	**broren** bruren	Bruder
brødre brödre	**brødrene** brödräne	Brüder
en sønn än ßönn	**sønnen** ßönnen	Sohn
sønner ßönner	**sønnene** ßönnäne	Söhne
en mor än mur	**moren** muuren	Mutter
mødre mödre	**mødrene** mödräne	Mütter
en søster än ßößter	**søsteren** ßößtären	Schwester
søstre ßößtre	**søstrene** ßößträne	Schwestern
en datter än datter	**datteren** dattären	Tochter
døtre dötre	**døtrene** döträne	Töchter

Und nun alles nochmal in nynorsk:

nynorsk

ein far ain faar	**faren** faaren	Vater
fedrar fädrar	**fedrane** fädrane	Väter
ein bror ain brur	**broren** bruren	Bruder
brør brör	**brørne** brörne	Brüder
ein son ain ßon	**sonen** ßonnen	Sohn
søner ßönner	**sønene** ßönnäne	Söhne
ei mor ai muur	**mora** muura	Mutter
mødrer mödrer	**mødrene** mödräne	Mütter
ei syster ai ßüüßter	**systera** ßüüßtära	Schwester
systrer ßüüßtrer	**systrene** ßüüßträne	Schwestern
ei dotter ai dotter	**dottera** dottära	Tochter
døtrer döttrer	**døtrene** dötträne	Töchter

Zusammengesetzte Hauptwörter

Im modernen Norwegischen gibt es keine Fälle mehr. Lediglich der Genitiv (im Deutschen 2. Fall) ist erhalten geblieben; er wird ganz einfach durch ein angehängtes -s gebildet. Im Gegensatz zum Deutschen steht der Genitiv immer vor dem Bezugswort.

Beachten Sie, dass nach denne, dette, disse *das Hauptwort immer mit der Artikel-Endung steht!*

elev	eleew	Schüler
bok	buuk	Buch
elevens bok		Schülers Buch
eläwenß buuk		
das Buch des Schülers		

snekker	ßnäkker	Tischler
melk	mälk	Milch
snekkerens melk		die Milch des
ßnäkkeränß mälk		Tischlers
Tischlers Milch		

venner	wänner	Freunde
svar	ßwaar	Antwort
vennenes svar		die Antwort der
wännenäß ßwaar		Freunde
Freundes Antwort		

den unge piken		das junge
dän unge piikän		Mädchen
dukke	dükke	Puppe
den unge pikens dukke		die Puppe des
dän unge piikänß dükke		jungen Mädchens
des jungen Mädchens Puppe		

Dieses & Jenes

Die hinweisenden Fürwörter (Demonstrativpronomen) richten sich in Zahl und Geschlecht nach dem Hauptwort, auf das sie sich beziehen.

m	**denne**	dänne	dieser
w	**denne**	dänne	diese
s	**dette**	dätte	dieses
Mz	**disse**	disse	diese

denne dagen	dänne daagen	dieser Tag
denne kona	dänne kuuna	diese Frau
dette barnet	dätte barne	dieses Kind
disse gatene	disse gaatäne	diese Straßen

Will man auf etwas hinweisen, das nicht ganz so nahe ist, kann man auch den, det, de (jener/jene, jenes, jene) gebrauchen. Auch hier wird der Artikel an das Hauptwort angehängt.

den dagen	dän daagen	jener Tag
den kona	dän kuuna	jene Frau
det barnet	dä barne	jenes Kind
de gatene	dii gatäne	jene Straßen

Allerdings haben die hinweisenden Fürwörter den, det, de auch eine „abgemagerte" Bedeutung und können auch nur mit „der, die, das" übersetzt werden. Also bedeutet den dagen sowohl „jener Tag", als auch „der Tag".

Eigenschaftswörter

Das Eigenschaftswort (Adjektiv) kann je nach seiner Umgebung verschiedene Endungen bekommen. Im Norwegischen unterscheidet man „starke“ und „schwache“ Formen.

starke Form

Die starke Form steht nach folgenden Wörtern:

en, ei, et än, ai, ät	ein, eine
noe, noen nue, nuen	etwas, einige
hver, hvert wärr, wärrt	jeder
ingen, intet ingen, intet	kein
alle alle	alle
er/var (ikke) är/war (ikke)	ist/war (nicht)
blir/ble (ikke) bliir/blee (ikke)	wird/wurde (nicht)

Bezieht sich das Eigenschaftswort auf ein männliches oder weibliches Hauptwort, ändert es sich nicht. Bezieht es sich jedoch auf ein sächliches Hauptwort, wird -t angehängt, für Hauptwörter in der Mehrzahl wird -e angehängt.

männlich Einzahl

en stor by än ßtuur büü	eine große Stadt
en ung pike än ung piike	ein junges Mädchen
en gammel stol än gammäl ßtuul	ein alter Stuhl

weiblich Einzahl

ei stor bru ai ßtuur bruu	eine große Brücke
ei ung jente ai ung jänte	ein junges Mädchen
ei gammel elv ai gammäl älf	ein alter Fluss

sächlich Einzahl

et stort hus ät ßtuurt hüüß	ein großes Haus
et ungt barn ät ungt barn	ein junges Kind
et gammelt museum ät gammält müßäüm	ein altes Museum

Mehrzahl

store gutter ßtuure gütter	große Jungen
unge hunder unge hünner	junge Hunde
gamle menn gammle männ	alte Männer

schwache Form

Die schwache Form endet immer auf -e! Sie steht nach:

den, det, de dän, dä, dii	der/die, das, die (Mz)
denne, dette, disse dänne, dätte, disse	diese
min, din, Pauls ... miin, diin, Päülß	mein, dein, Pauls ...

männlich Einzahl

den store byen dän ßtuure büüen	die große Stadt
den unge piken dän unge piiken	das junge Mädchen
den gamle stolen dän gammle ßtuulen	der alte Stuhl

weiblich Einzahl

den store brua dän ßtuure brüa	die große Brücke
den unge jenta dän unge jänta	das junge Mädchen
den gamle elva dän gammle älwa	der alte Fluss

sächlich Einzahl

det store huset dä ßtuure hüüße	das große Haus
det unge barnet dä unge barne	das junge Kind
det gamle museet dä gammle müßee	das alte Museum

Mehrzahl

de store guttene dii ßtuure güttäne	die großen Jungen
de unge hundene dii unge hünnäne	die jungen Hunde
de gamle mennene dii gammle männäne	die alten Männer

Farben

blå	bloo	blau
brun	brüün	braun
gul	güll	gelb
grå	graa	grau
grønn	grönn	grün
rød	röö	rot
svart	ßwart	schwarz
hvit	wiit	weiß

Steigern & Vergleichen

Die regelmäßigen Eigenschaftswörter werden mit folgenden Endungen gesteigert.

	„mehr"	**„meist"**
starke Form	**-ere**	**-est**
schwache Form	**-ere**	**-este**

kort	**kortere**	**kortest**
kort	kortäre	kortäßt
kurz	kürzerer	kürzester
smal	**smalere**	**smalest**
ßmaal	ßmaaläre	ßmaaläßt
schmal	schmalerer	schmalster
rik	**rikere**	**rikest**
riik	riikäre	riikäßt
reich	reicherer	reichster

Darüber hinaus gibt es noch eine Umschreibung mit mer (mehr) und mest (am meisten). Man verwendet sie bei Eigenschaftswörtern auf -et, -ende, -isk und -e außerdem bei langen bzw. schwer aussprechbaren Wörtern.

fremmed	**mer fremmed**	**mest fremmed**
främmäd	mär främmäd	mäßt främmäd
fremd	fremderer	fremdester
øde	**mer øde**	**mest øde**
ööde	mär ööde	mäßt ööde
öde	öderer	ödester

elsket	**mer elsket**	**mest elsket**
älßkät	mär älßkät	mäßt älßkät
geliebt	geliebterer	geliebtester

Einige Steigerungsformen sind unregelmäßig. Die wichtigsten stehen in der folgenden Tabelle:

groß	**stor** ßtuur	**større** ßtörre	**størst** ßtörscht
alt	**gammel** gammäl	**eldre** äldre	**eldst** äldßt
jung	**ung** ung	**yngre** üüngre	**yngst** üngßt
wenige	**få** foo	**færre** fäärre	**færrest** fäärräßt
gut	**god** guu	**bedre** bädre	**best** bäßt
viel	**mye** müüe	**mer** mär	**mest** meeßt
viele	**mange** mange	**flere** fläre	**flest** fläßt
nahe	**nær** näär	**nærmere** näärmäre	**nærmest** näärmäßt
lang	**lang** lang	**lengre** längre	**lengst** längßt
schwer	**tung** tung	**tyngre** tüngre	**tyngst** tüngßt
schlecht	**vond** wunn	**verre** wärre	**verst** wärscht
klein	**liten** liiten	**mindre** mindre	**minst** minßt

vergleichen

så – som

Nach som *und* enn *stehen die persönlichen Fürwörter meist in der Objekt-Form, also* meg, deg ... *anstatt* jeg, du.

Gutten er så lur som meg.
gütten är ßoo lür ßomm mai
junge-der ist so schlau wie mich
Der Junge ist so schlau wie ich.

Den boka er så kjedelig som den der.
dän buuka är ßoo chäädeli ßomm dän där
dieses Buch-das ist so langweilig wie das dort
Dies Buch ist so langweilig wie das da.

Dette huset er så gammelt som mitt.
dätte hüüße är ßoo gammält ßom mitt
dieses Haus-das ist so alt wie meines
Dies Haus ist so alt wie meines.

mer – enn

Hun er eldre enn meg.
hün är äldre änn mai
Sie ist älter als ich.

Denne skjorta er større enn den der.
dänne schurta är ßtörre änn dän där
Dieses Hemd ist größer als das da.

Den blå buksa er dyrere enn den grønne.
dän bloo bükßa är düüräre änn dän grönne
Die blaue Hose ist teurer als die grüne.

mest

Han er den mindste i familien.
hann är dän minßte ii famiilien
er ist der kleinste in Familie-die
Er ist der kleinste in der Familie.

Dette er det høyeste fjellet i Norge.
dätte är dä höiäßte fjälle i norge
Dies ist der höchste Berg in Norwegen.

Du er den peneste jenta jeg noen gang har sett.
dü är dän pänäßte jänta jai nuen gang haar sätt
du bist das schönste Mädchen-das ich irgendein Mal habe gesehen
Du bist das schönste Mädchen, (das) ich je sah.

Tätigkeitswörter & Zeiten

Von jedem Tätigkeitswort (Verb) gibt es drei Stammformen, aus denen sich alle anderen Formen ableiten lassen, z. B.:

Grundform	**drikke** drikke trinken	**ta** ta nehmen
Vergangenheit	**drakk** drakk trank	**tok** tukk nahm
Partizip	**drukket** drükket getrunken	**tatt** tatt genommen

Grundform

Die Grundform ist gleichzeitig die Gegenwart für alle Personen. Das heißt, dass das norwegische Tätigkeitswort nicht gebeugt wird. Die Grundform steht wie im Deutschen auch nach den Modalverben.

Jeg vil drikke en øl.
jai will drikke än öll
ich will trinken ein Bier
Ich will Bier trinken.

Vi kunne ta det.
wii künne ta dä
wir konnten nehmen das
Wir konnten das nehmen.

Auch die Zukunft kann mit Modalverben ausgedrückt werden:

Han skal ta boka.
hann ßkall ta buuka
er soll nehmen Buch-das
Er soll das Buch nehmen.

kan	kann	kann
kunne	künne	konnte
må	moo	muss, darf
måtte	mootte	musste, durfte
skal	ßkall	soll (wird)
skulle	ßkülle	sollte
vil	will	will
ville	wille	wollte (würde)
tør	törr	wagt es
turde	tüüre	wagte es
bør	böör	soll
burde	bürde	sollte eigentlich
får	foor	darf
fikk	fikk	durfte
gidder	gidder	hat Lust
gadd	gadd	hatte Lust

Auffordern & Befehlen

Lässt man das unbetonte -e der Grundform weg, erhält man die Befehlsform, die für alle Personen gilt, also für „du", „ihr" und auch „Sie".

drikke	**drikk!**
drikke	drikk
trinken	trink! trinkt! trinken Sie!
ta	**ta!**
taa	ta
nehmen	nimm! nehmt! nehmen Sie!

Es gibt keine Höflichkeitsabstufungen. Man kann jedoch eine freundliche Formulierung voranstellen:

Vær så snill å drikke/ta.
wäär ßoo ßnill oo drikke/ta
Sei so lieb zu trinken/nehmen.

Gegenwart

Hängt man ein -r an die Grundform, hat man die Gegenwartsform. Sie wird nicht gebeugt.

drikke	**drikker**
drikke	drikker
trinken	trinke, trinkst, trinkt ...
ta	**tar**
ta	taar
nehmen	nehme, nimmst, nimmt ...

jeg	**drikker**	jai drikker	ich trinke
du	**drikker**	dü drikker	du trinkst
han	**drikker**	hann drikker	er trinkt
vi	**drikker**	wii drikker	wir trinken
dere	**drikker**	däre drikker	ihr trinkt
de	**drikker**	dii drikker	sie trinken

Passiv

Wenn man die Endung -s an die Grundform hängt, erhält man die Passivform. Das -s ist aus einem angehängten seg (sich) entstanden.

drikke	**drikkes**
drikke	drikkeß
trinken	wird getrunken
ta	**tas**
ta	taaß
nehmen	wird genommen

Diese Form steht meist nach Hilfverben, aber auch als unpersönliche Aufforderung. So findet man diese Form z. B. oft in Bedienungsanleitungen:

øl drikkes
öll drikkeß
Bier trinkt(-man)
Bier wird getrunken

øl skal drikkes
öll ßkall drikkeß
Bier soll(-man) trinken
Bier soll getrunken werden

boken tas av barna
buuken taaß af barna
Buch-das nimmt(-man) von Kindern-die
das Buch wird genommen von den Kindern

boken kan tas av barna
buuken kann taaß af barna
Buch-das kann(-man) nehmen von Kindern-die
das Buch kann genommen werden von den Kindern

Diese drei Formen (Aufforderung, Gegenwart, Passiv) werden bei allen Tätigkeitswörtern regelmäßig von der Grundform abgeleitet. Deshalb gebe ich sie in den folgenden Tabellen nicht weiter an.

Unregelmäßige Gegenwartsformen finden sich nur bei folgenden Tätigkeitswörtern:

være	wääre	sein
er	är	bin, bist ...
gjøre	jöre	tun
gjør	jöör	tue, tust ...
si	sii	sagen
sier	siir	sage, sagst ...
spørre	ßpörre	fragen
spør	ßpörr	frage, fragst ...
vite	wiite	wissen
vet/veit	weet/weit	weiß, weißt ...

Vergangenheit

jeg	**tok**	jai tukk	ich nahm
du	**tok**	dü tukk	du nahmst
hun	**tok**	hünn tukk	sie nahm
vi	**tok**	wii tukk	wir nahmen
dere	**tok**	däre tukk	ihr nahmt
de	**tok**	dii tukk	sie nahmen

Die einfache Vergangenheit ist die am meisten verwendete Form. Sie ist nicht weiter veränderlich.

Partizip

Das Partizip (z. B. „gegangen", „gewesen", „genommen") muss man zu jedem Tätigkeitswort dazulernen. Mit diesem können auch noch weitere Vergangenheits- und Passivformen gebildet werden. Die Bildung ist wie im Deutschen:

jeg har tatt jai haar tatt	ich habe genommen
jeg hadde tatt jai hadde tatt	ich hatte genommen
boka blir tatt buuka bliir tatt	das Buch wird genommen
boka ble tatt buuka blee tatt	das Buch wurde genommen

regelmäßige Tätigkeitswörter

Die regelmäßigen Tätigkeitswörter werden ihrer lautlichen Form nach in vier Gruppen eingeteilt. Ich gebe hier wieder nur die Stammformen an (Grundform, Vergangenheit, Partizip):

1. Gruppe

Zur 1. Gruppe gehören einsilbige Tätigkeitswörter ohne -e in der Grundform.

bo	**bodde**	**bodd**
bu	budde	budd
wohnen	wohnte	gewohnt
sy	**sydde**	**sydd**
süü	südde	südd
nähen	nähte	genäht

2. Gruppe

Zur 2. Gruppe gehören die meisten Tätigkeitswörter, besonders diejenigen, die auf -be, -de, -ge oder mehreren Mitlauten enden.

kaste	**kastet**	**kastet**
kaßte	kaßtet	kaßtet
werfen	warf	geworfen
elske	**elsket**	**elsket**
älßke	älßket	älßket
lieben	liebte	geliebt

3. Gruppe

Zur 3. Gruppe gehören Tätigkeitswörter, die auf einfachem Mitlaut oder auf -nde, Ide, -nge enden, sowie Fremdwörter, die auf -ere enden.

lyse	**lyste**	**lyst**
lüüse	lüßte	lüßt
leuchten	leuchtete	geleuchtet
høre	**hørte**	**hørt**
höre	hörte	hört
hören	hörte	gehört

4. Gruppe

Zu dieser Gruppe gehören nur Tätigkeitswörter auf -øye, -eie, -ve.

leie	**leide**	**leid**
laie	laide	laid
mieten	mietete	gemietet
leve	**levde**	**levd**
läwe	läwde	läwd
leben	lebte	gelebt

unregelmäßige Tätigkeitswörter

Leider gibt es sehr viele unregelmäßige Tätigkeitswörter im Norwegischen. Da sie aber sehr oft vorkommen, sollten Sie sie trotzdem lernen. Ich gebe wieder nur die drei Stammformen an, in der Reihenfolge Grundform, Vergangenheit, Partizip.

bitten	**be** be	**ba(d)** baa	**bedt** bätt
binden	**binde** binne	**bandt** bantt	**bundet** bünnet
werden	**bli** blii	**ble** blee	**blitt** blitt
bringen	**bringe** bringe	**brakte** brakte	**brakt** brakt
tragen	**bære** bääre	**bar** baar	**båret** booret
ziehen	**dra** dra	**dro** dru	**dratt** dratt
trinken	**drikke** drikke	**drakk** drakk	**drukket** drükket
treiben	**drive** driwe	**drev** dräw	**drevet** dräwet
sterben	**dø** dö	**døde** döde	**død** död
(fr)essen	**ete** äte	**åt** oot	**ett** ätt
fallen	**falle** falle	**falt** falt	**falt** falt
fahren	**fare** faare	**for** for	**faret** faret
finden	**finne** finne	**fant** fant	**funnet** fünnet
fliegen	**fly** flüü	**fløy** flöi	**fløyet** flöiet
verbieten	**forby** forbüü	**forbaud** forbäüd	**forbudt** forbütt
verstehen	**forstå** forschtoo	**forsto** forschtuu	**forstått** forschtoott

forsvinne	**forsvant**	**forsvunnet**	*verschwinden*
forschwinne	forschwant	forschwünnet	
fortelle	**fortalte**	**fortalt**	*erzählen*
fortälle	fortaalte	fortaalt	
fryse	**fraus**	**frosset**	*frieren*
früüße	fräüß	frusset	
få	**fikk**	**fått**	*bekommen*
foo	fikk	foott	
gi	**ga(v)**	**gitt**	*geben*
jii	ga	jitt	
gripe	**greip**	**grepet**	*greifen*
griipe	graip	gräpet	
gråte	**gråt**	**grått**	*weinen*
groote	groot	groott	
gå	**gikk**	**gått**	*gehen*
goo	jikk	goott	
ha	**hadde**	**hatt**	*haben*
ha	hadde	hatt	
henge	**hang**	**hengt**	*hängen*
hänge	hang	hengt	
hete	**heit**	**hett**	*heißen*
heete	hait	hett	
hjelpe	**hjalp**	**hjulpet**	*helfen*
jelpe	jalp	jülpet	
hogge	**hogg**	**hogd**	*hauen*
hogge	hogg	hogd	
holde	**holdt**	**holdt**	*halten*
holle	hollt	hollt	
komme	**kom**	**kommet**	*kommen*
komme	komm	kommet	
la	**lot**	**latt**	*lassen*
la	lott	latt	

lachen	**le** le	**lo** lu	**ledd** lädd
liegen	**ligge** ligge	**lå** loo	**ligget** ligget
lügen	**lyve** lüüwe	**løy** löi	**løyed** löiet
laufen	**løpe** löpe	**løp** löp	**løpt** löpt
genießen	**nyte** nüüte	**nøt** nööt	**nytt** nütt
reichen	**rekke** räkke	**rakk** rakk	**rukket** rükket
rennen	**renne** ränne	**rant** rant	**rent** ränt
zerreißen	**rive** riiwe	**reiv** raif	**revet** räwet
sehen	**se** ße	**så** ßoo	**sett** ßätt
verkaufen	**selge** ßälle	**solgte** ßolte	**solgt** ßolt
setzen	**sette** ßätte	**satte** ßatte	**satt** ßatt
sitzen	**sitte** ßitte	**satt** ßatt	**sittet** ßittet
schneiden	**skjære** schääre	**skar** ßkar	**skåret** ßkooret
schreiben	**skrive** ßkriiwe	**skreiv** ßkraiw	**skrevet** ßkreewet
schießen	**skyte** schüüte	**skjøt** schööt	**skytt** ßkütt
loslassen	**slippe** schlippe	**slapp** schlapp	**slupped** schlüpped

slå schloo	**slo** schlu	**slått** schloott	*schlagen*
slåss schloss	**sloss** schloss	**slåss** schloss	*kämpfen*
smyge ßmüüge	**smøg** ßmög	**smøget** ßmöget	*kriechen*
sove sowe	**sov** sow	**sovet** sowet	*schlafen*
spinne ßpinne	**spant** ßpannt	**spunnet** ßpünnet	*spinnen*
springe ßpringe	**sprang** ßprang	**sprunget** ßprünget	*laufen*
stige ßtiige	**steg** ßteeg	**steget** ßteeget	*steigen*
stjele ßtjeele	**stjal** ßtjaal	**stjålet** ßtjoolet	*stehlen*
stå schtoo	**stod** schtuu	**stått** schtoott	*stehen*
synge ßüünge	**sang** ßang	**sunget** ßunget	*singen*
ta ta	**tok** tukk	**tatt** tatt	*nehmen*
telle tälle	**talte** taalte	**talt** taalt	*zählen*
treffe träffe	**traff** traff	**truffet** truffet	*treffen*
velge wälge	**valgte** walgte	**valgt** walgt	*wählen*
vinne winne	**vant** want	**vunnet** wunnet	*gewinnen*
være wääre	**var** war	**vært** wärrt	*sein*

Persönliche Fürwörter

Da die persönlichen Fürwörter (Personalpronomen) sehr wichtig sind und natürlich andauernd vorkommen, stehen abweichende Nynorsk-Formen hinter den Bokmål-Wörtern in Klammern. Sie brauchen sie nicht selbst zu verwenden, sollten sie aber verstehen können.

Die persönlichen Fürwörter stehen wie im Deutschen immer vor dem Tätigkeitswort.

jeg (Nyn **eg**)	jai (eg)	ich
du	dü	du
han	hann	er
hun (Nyn **ho**)	hünn (huu)	sie
den, det	dän, dä	es
vi	wii	wir
dere (Nyn **de**)	däre (dii)	ihr
de (Nyn **dei**)	dii (dai)	sie (Mz)

Han und hun werden nicht für Sachen gebraucht, dafür steht das unpersönliche den. Zusammen mit einem Tätigkeitswort sieht das Ganze dann so aus:

jeg	**snakker**	jai ßnakker	ich spreche
du	**snakker**	dü ßnakker	du sprichst
han	**snakker**	hann ßnakker	er spricht
hun	**snakker**	hünn ßnakker	sie spricht
vi	**snakker**	vii ßnakker	wir sprechen
dere	**snakker**	däre ßnakker	ihr sprecht
de	**snakker**	dii ßnakker	sie sprechen

mir & mich

Als Satzergänzung (Objekt) oder nach Verhältniswörtern (Präpositionen) kennen die persönlichen Fürwörter gebeugte Formen, die dem deutschen 3. und 4. Fall ensprechen (Dativ/Akkusativ). Es gibt allerdings keine Unterscheidung von „mir/mich“, „ihm/ihn“ usw.

meg	mai	mir, mich
deg	dai	dir, dich
ham (Nyn **honom**)	ham (honnom)	ihm, ihn
henne	hänne	ihr, sie
seg	sai	sich
oss	oss	uns
dere (Nyn **dykk**)	däre (dükk)	euch
dem	dämm	ihnen, sie

Besitzanzeigende Fürwörter

Die besitzanzeigenden Fürwörter (Possessivpronomen) sind dem Hauptwort, auf das sie sich beziehen, meistens nachgestellt. Die Reihenfolge wie im Deutschen wird nur sehr selten benutzt. Einige Formen richten sich in Geschlecht und Zahl nach dem Bezugswort.

Die weiblichen Formen mi, di, si *können nur nachgestellt werden.*

m	w	s	Mz	
min	**mi**	**mitt**	**mine**	mein
miin	mii	mitt	miine	
din	**di**	**ditt**	**dine**	dein
diin	dii	ditt	diine	
sin	**si**	**sitt**	**sine**	sein/ihr
ßiin	ßii	ßitt	ßine	
hans	**hans**	**hans**	**hans**	sein
hanß	hanß	hanß	hanß	
hennes	**hennes**	**hennes**	**hennes**	ihr
hänneß	hänneß	hänneß	hänneß	
vår	**vår**	**vårt**	**våre**	unser
woor	woor	woort	woore	
deres	**deres**	**deres**	**deres**	euer
däreß	däreß	däreß	däreß	
deres	**deres**	**deres**	**deres**	ihr (Mz)
däreß	däreß	däreß	däreß	

Beachten Sie, dass sin auch in der Mehrzahl verwendet wird und immer „sein/ ihr eigenes“ bedeutet, während hans, hennes und deres einen anderen Besitzer voraussetzen.

min hund miin hünn *mein Hund*	**hunden min** hünnen miin *Hund-der mein*	mein Hund
min bok miin buuk *mein Buch*	**boka mi** buuka mii *Buch-das mein*	mein Buch
mitt barn mitt barn *mein Kind*	**barnet mitt** barne mitt *Kind-das mein*	mein Kind
mine hunder miine hünner *meine Hunde*	**hundene mine** hünnäne miine *Hunde-die meine*	meine Hunde
mine bøker miine böker *meine Bücher*	**bøkene mine** bökäne miine *Bücher-die meine*	meine Bücher
mine barn miine barn *meine Kinder*	**barna mine** barna miine *Kinder-die meine*	meine Kinder

Wenn das besitzanzeigende Fürwort nachgestellt wird, erhält das Hauptwort den bestimmten Artikel.

Verhältniswörter

Die Verhältniswörter (Präpositionen) werden im Prinzip wie im Deutschen verwendet.

av	af	ab
bak	baak	hinter
blant	blaant	unter
etter	ätter	nach
for	for	für
fra	fraa	von
før	för	vor
gjennom	jännom	durch
hos	hoss	bei
i	ii	in
langs	langß	längs
med	mee	mit
mellom	mällom	zwischen
mot	muut	gegen
nær	näär	nahe von
om	omm	um, über (Thema)
omkring	omkring	um herum
over	uwer	über
på	poo	auf
rundt	rünn	um herum
siden	ßiiden	seit
til	till	zu, nach
unna	ünna	weg von
under	ünner	unter, während
ut	üt	aus
uten	üten	ohne
ved	wee	neben

Bindewörter

Die Bindewörter (Konjunktionen) werden ebenfalls wie im Deutschen verwendet.

at	att	dass
bare	baare	wenn nur
både ... og *sowohl ... und*	boode ... o	sowohl ... als auch
da	da	als
der	där	wo
eller	äller	oder
enda	ändaa	obwohl
enn	änn	(mehr) als
enten ... eller *entweder ... oder*	änten ... äller	entweder ... oder
etter at *nach dass*	ätter att	nachdem
fordi	forrdii	weil
før	förr	bevor
hvis	wiss	wenn
dersom	därßomm	falls
jo ... desto *doch ... desto*	ju ... däßtu	je ... desto
men	männ	aber
mens	mänß	während
når	noor	wann
og	o / oog	und
om	omm	ob; wenn
siden	ßiiden	seit
skjønt	schönnt	obwohl
som	ßomm	der, die, das; wie

så	ßoo	damit
så at *so dass*	ßoo att	so dass
slik at *solch dass*	schliik att	so dass
til	till	bis
uten at *ohne dass*	üten att	ohne dass
verken ... eller *weder noch*	wärken äller	weder ... noch

Fragewörter

Wie die Wortstellung in Fragesätzen aussieht, wird im nächsten Kapitel erläutert.

Beachten Sie: Statt hvordan *(wie) wird oft einfach nur* hvor *gesagt!*

hvem?	wämm	wer, wen?
hva?	wa	was?
hva for en? *was für ein*	wa for än	was für ein?
hvor?	wo	wo?
hvilken?	wilken	welcher?
hvordan?	wurdan	wie?
hvorfor?	wurfor	warum?
når/hva tid? *wann/was Zeit*	noor/wa tii	wann?

Verneinung

Sätze werden mit ikke (nicht) verneint, das wie im Deutschen in der Regel dem Tätigkeitswort nachgestellt wird.

Vi så ikke fisken.
wii ßoo ikke fißken
wir sahen nicht Fisch-der
Wir sahen nicht den Fisch.

Folgt dem Tätigkeitswort ein Fürwort, steht ikke erst nach diesem:

Vi så det ikke.
wii ßoo dä ikke
wir sahen das nicht
Wir sahen das nicht.

Beachten Sie weiterhin: In Sätzen, die mit einem Bindewort beginnen, steht ikke hinter dem Satzgegenstand (Subjekt).

In Befehlen und Kurzantworten steht ikke am Satzanfang:

Ikke gå!
ikke goo
nicht geh
Geh nicht!

Die gleiche Stellung im Satz haben auch die folgenden Wörter:

aldri	alldri	nie
allerede	alleräde	schon
engang	ängang	einmal
igjen	ijän	wieder
ikke	ikke	nicht
kanskje	kansche	vielleicht
lenge	länge	lange
neppe	näppe	kaum
nettopp	nättopp	gerade
ofte	ofte	oft
sikkert	ßikkert	sicher
snart	ßnart	bald

Wortstellung

Die Wortstellung im Norwegischen ist fast so wie im Deutschen. Es gibt aber folgende Ausnahmen:

Artikel

Artikel (der, die, das) werden angehängt:

fisk	**kone**	**hus**
fißk	kuune	hüüs
Fisch	Frau	Haus
fisken	**kona**	**huset**
fißken	kuuna	hüüße
Fisch-der	*Frau-die*	*Haus-das*
der Fisch	die Frau	das Haus

Besitzanzeigende Fürwörter

Besitzanzeigende Fürwörter werden oft nachgestellt. Das Hauptwort erhält in diesem Fall den bestimmten Artikel.

fisken min	**barna våre**
fißken miin	barna woore
Fisch-der mein	*Kinder-die unsere*
mein Fisch	unsere Kinder

Zusammengesetzte Tätigkeitswörter

Zusammengesetzte Tätigkeitswörter werden nicht wie im Deutschen auseinandergezogen und stehen auch nicht am Satzende.

Du har sett meg.	**Vil han kjøpe ei bok?**
dü haar ßätt mai	will hann chöpe ai buuk
du hast gesehen mich	*will er kaufen ein Buch*
Du hast mich gesehen.	Will er ein Buch kaufen?

Wortstellung

Bindewörter Bindewörter zu Anfang eines Nebensatzes verändern nicht die Satzstellung des normalen Aussagesatzes.

Jeg leste et brev.	**... fordi jeg leste et brev.**
jai läßte ät bräf	... forrdii jai läßte ät bräf
ich las einen Brief	... *weil ich las einen Brief*
Ich las einen Brief.	... weil ich einen Brief las.

Satzbaupläne

Hier gebe ich eine Übersicht über einige einfache Satzmuster, nach denen man selbst Sätze bilden kann. Oft ist der Aufbau im Norwegischen und Deutschen gleich.

Ich benutze hier folgende Abkürzungen:

V	Verb (Tätigkeitswort)
Hv	Hilfsverb, Modalverb
S	Subjekt (Satzgegenstand)
O	Objekt (Satzergänzung)
A	Adjektiv (Eigenschaftswort)
F	Fragewort

Befehle

Kikk!	**Kom!**	**Gå!**	**V**
chikk	komm	goo	
Schau!	Komm!	Geh!	

Hør det!	**Ta boka!**	**V – O**
hòör dä	ta buuka	
hör dieses	*nimm Buch-das*	
Höre dies!	Nimm das Buch!	

Gi meg en øl!
jii mai än öll
Gib mir ein Bier!

ikke – V

Ikke gå/kom!
ikke goo/komm
nicht geh/komm
Geh/komm nicht!

Ikke ta boka!
ikke ta buuka
nicht nimm Buch-das
Nimm nicht das Buch!

Aussagesätze

S – V

Mannen arbeider.
mannen arbaider
Mann-der arbeitet
Der Mann arbeitet.

Sola skinnte.
ßuula schinnte
Sonne-die schien
Die Sonne schien.

Det regner.
dä rainer
Es regnet.

S – Hv – V

Barnet vil leke.
barne will leeke
Kind-das will spielen
Das Kind will spielen.

Jeg må gå.
jai moo goo
ich muss gehen
Ich muss gehen.

Du burde arbeide.
dü bürde arbaide
Du solltest arbeiten.

S – V – O

Jeg elsker deg.
jai älßker dai
Ich liebe dich.

Vi spiste fisk.
wii ßpiißte fißk
Wir aßen Fisch.

Gutten snakker om ferien.
gütten ßnakker omm färien
Junge-der spricht über Ferien
Der Junge erzählt vom Urlaub.

Jeg vil drikke en vin. **S – Hv – V – O**
jai will drikke än wiin
ich will trinken ein Wein
Ich will einen Wein trinken.

Han kan snakke norsk.
hann kann ßnakke noschk
er kann sprechen Norwegisch
Er kann Norwegisch sprechen.

Mora mi skal gå på kino.
muura mii ßkal goo poo chiinu
Mutter-die meine soll gehen in Kino
Meine Mutter wird ins Kino gehen.

Veien er kort. **S – V – A**
waien är kortt
Weg-der ist kurz
Der Weg ist kurz.

Huset var stort.
hüüße war ßtuurt
Haus-das war groß
Das Haus war groß.

Mannen blir gammel.
mannen bliir gammäl
Mann-der wird alt
Der Mann wird alt.

Fragen

Die folgenden Wortstellungen treten bei Entscheidungsfragen auf, aber auch dann, wenn ein normaler Aussagesatz nicht mit dem Satzgegenstand (Subjekt) beginnt.

(...) – V – S

Auf Entscheidungsfragen kann man nur mit Ja oder Nein antworten.

Røker du?
röiker dü
Rauchst du?

Nå skriver jeg.
noo ßkriwer jai
Jetzt schreibe ich.

I dag skinner sola.
ii daag schinner ßuula
in Tag scheint Sonne-die
Heute scheint die Sonne.

(...) – Hv – S – V

Får du sove?
foor dü ßowe
kannst du schlafen
Kannst du schlafen?

I morgen skal det regne.
ii morn ßkal dä raine
in morgen soll es regnen
Morgen wird es regnen.

Her får man svømme.
här foor man ßwömme
Hier darf man schwimmen.

(...) – V – S – O

Ser du det?
ßeer dü dä
Siehst du das?

I byen kjøper vi en hund.
ii büüen chöper wii än hünn
in Stadt-der kauften wir ein Hund
In der Stadt kauften wir einen Hund.

I skapet fant han dette bildet.
ii ßkape fant hann dätte bilde
in Schrank-der fand er dieses Bild
Im Schrank fand er dieses Bild.

Har du spist middag? **(...) – Hv – S – V – O**
haar dü ßpiißt middaag
hast du gegessen Mittag
Hast du Mittag gegessen?

Nå skal de reise til Norge.
noo ßkal dii raiße till norge
jetzt werden sie reisen nach Norwegen
Jetzt werden sie nach Norwegen fahren.

I aften vil jeg kysse deg.
ii aften will jai chüsse dai
im Abend will ich küssen dich
Heute abend will ich dich küssen.

Er restaurangen åpen? **V – S – A**
är räßtorangen oopen
ist Restaurant-das offen
Ist das Restaurant offen?

Fragesätze mit Fragewort

Auf Fragen mit einem Fragewort (Ergänzungsfragen) kann man nur mit einem vollständigen Satz antworten. Beachten Sie hierbei, dass ein Verhältniswort (hier abgekürzt: „Präp“) am Ende der Frage steht.

Hva handler filmen om? **F – V – S – Präp.**
wa handler filmen omm
was handelt Film-der über
Wovon handelt der Film?

Hvor går vi hen?
wo goor wii hänn
wo geht wir hin
Wohin gehen wir?

Hvem snakket du med?
wämm ßnakket dü mee
wem sprachst du mit
Mit wem sprachst du?

Hvem røyker ikke?
wemm roiker ikke
wer raucht nicht
Wer raucht nicht?

Hvem vil gå nå?
wemm will goo noo
wer will gehen jetzt
Wer will jetzt gehen?

Hva var det?
wa war dä
was war das
Was war das?

Hva har du i hånda?
wa haar dü ii hoona
was hast du in Hand-der
Was hast du in der Hand?

Hvor bor du?
wo buur dü
Wo wohnst du?

Hvor er min nøkkel?
wo är miin nökkel
Wo ist mein Schlüssel?

Hvor gammel er du?
wo gammäl är dü
wie alt bist du
Wie alt bist du?

Hvor stort er huset?
wo ßturt är hüüße
wie groß ist Haus-das
Wie groß ist das Haus?

Hvilken by er det?
wilken büü är dä
Welche Stadt ist dies?

Hvilket museum er det?
wilket müßäüm är dä
Welches Museum ist das?

Når begynner filmen?
noor bäjünner filmen
wann beginnt Film-der
Wann fängt der Film an?

Når skal vi gå?
noor ßkal wii goo
Wann sollen/wollen wir gehen?

Hvorfor stjal du pengene?
wurfor ßtjaal dü pängäne
weshalb stahlst du Geld-das
Warum stahlst du das Geld?

Hvorfor vil du ikke bli her?
wurfor will dü ikke blii här
warum willst du nicht bleiben hier
Warum willst du nicht hier bleiben?

Hvis bok er dette?
wiss buuk är dätte
Wessen Buch ist das?

Hvem sin blyant er dette?
wämm ßiin blüüant är dätte
Wessen Bleistift ist das?

zusammengesetzte Sätze

Behandeln Sie Sätze, die durch Bindewörter verbunden sind, wie zwei voneinander unabhängige Sätze. Die Tätigkeitswörter dürfen nicht am Satzende stehen.

Relativsätze

Relativsätze werden meist mit som (der, die, das) eingeleitet. Dieses som kann jedoch entfallen, wenn es Subjekt des Relativsatzes ist. Dadurch ergibt sich eine ungewohnte Satzkonstruktion. Betrachten Sie die folgenden Beispiele:

„som" ist Subjekt (Satzgegenstand)

Mannen som gikk på gata, ble drept.
mannen ßomm jikk poo gaata blee dräpt
Mann-der welcher ging auf Straße-die, wurde getötet
Der Mann, der auf der Straße ging, wurde getötet.

Venninna mi, som spiste frokost, sat ved bordet.
wännina mii ßomm ßpiißte frukoßt ßatt wee buure
Freundin-die meine, welche speiste Frühstück, saß am Tisch-der
Meine Freundin, die frühstückte, saß am Tisch.

„som" ist Objekt (Satzergänzung)

Huset (som) jeg så i går, koster for mye.
hüüße (ßomm) jai ßoo ii goor koßter for müüe
Haus-das (welches) ich sah in gestern, kostet für viel
Das Haus, das ich gestern sah, kostet zu viel.

Stolen (som) vi kjøpte, var svært pen.
ßtuulen (ßomm) wii chöpte war ßwäärt pän
Stuhl-der (welcher) wir kauften, war sehr schön
Der Stuhl, den wir kauften, war sehr schön.

„som" mit Verhältniswörtern

Wird ein Relativsatz von einem Verhältniswort bestimmt, steht dieses am Satzende.

Wenn som *in Klammern steht, wird es in der Umgangssprache immer weggelassen.*

Leiligheten (som) vi bor i, er ganske stor.
lailihäten (ßomm) wii buur ii är ganßke ßtuur
Wohnung-die (welche) wir wohnt in, ist recht groß
Die Wohnung, in der wir wohnen, ist recht groß.

Boken (som) du snakket om er god.
buuken (ßomm) dü ßnakket omm är guu
Buch-das (welches) du sprachst über ist gut
Das Buch, von dem du sprachst, ist gut.

Zahlen & Zählen

Die Zahlen werden im Norwegischen ganz regelmäßig gebildet.

0	**null**	nüll	10	**ti**	tii
1	**en, ett**	än, ätt	11	**elleve**	ällwe
2	**to**	tu	12	**tolv**	toll
3	**tre**	trä	13	**tretten**	trätten
4	**fire**	fiire	14	**fjorten**	fjurten
5	**fem**	fämm	15	**femten**	fämten
6	**seks**	ßäkß	16	**seksten**	ßaißten
7	**sju**	schü	17	**sytten**	ßötten
8	**åtte**	ootte	18	**atten**	atten
9	**ni**	nii	19	**nitten**	nitten

20	**tjue**	chüe	60	**seksti**	ßäkßtii
30	**tretti**	trättii	70	**sytti**	ßöttii
40	**førti**	förtii	80	**åtti**	oottii
50	**femti**	fämtii	90	**nitti**	nittii

21	**tjue en**	chüe än
22	**tjue to**	chüe tu
23	**tjue tre**	chüe trä
24	**tjue fire**	chüe fiire
25	**tjue fem**	chüe fämm
26	**tjue seks**	chüe ßäkß
27	**tjue sju**	chüe schü
28	**tjue åtte**	chüe ootte
29	**tjue ni**	chüe nii
31	**tretti en**	trättii än

Die Zahlen von 21 – 99 werden gebildet, indem man zuerst die Zehnerzahl und danach die Einerzahl nennt.

Die Hunderter/Tausender usw. zählt man, indem man die Einerzahl der Zahl für „hundert", „tausend" etc. voranstellt.

100	**hundre**	hündre
200	**to hundre**	tu hündre
300	**tre hundre**	trä hündre
400	**fire hundre**	fiire hündre
500	**fem hundre**	fämm hündre
600	**seks hundre**	ßäkß hündre
700	**sju hundre**	schü hündre
800	**åtte hundre**	ootte hündre
900	**ni hundre**	nii hündre
1000	**tusen**	tüßen

Ordnungszahlen

1.	**første**	förschte
2.	**annen, annet, andre**	annen, aan, andre
3.	**tredje**	trädje
4.	**fjerde**	fjärde
5.	**femte**	fämte
6.	**sjette**	schette
7.	**sjuende**	schüäne
8.	**åttende**	oottäne
9.	**niende**	niäne
10.	**tiende**	tiäne

11.	**ellevte**	älläfte
12.	**tolvte**	tollte
13.	**trettende**	trättäne
14.	**fjortende**	fjurtäne
15.	**femtende**	fämtäne
16.	**sekstende**	ßaißtäne
17.	**syttende**	ßöttäne
18.	**attende**	attäne
19.	**nittende**	nittäne
20.	**tjuende**	chüäne
21.	**tjue første**	chüe förschte
22.	**tjue andre**	chüe andre
23.	**tjue tredje**	chüe trädje
24.	**tjue fjerde**	chüe fjärde
30.	**trettiende**	trettiäne
40.	**førtiende**	förrtiäne
50.	**femtiende**	femtiiäne
60.	**sekstiende**	ßäkßtiäne
70.	**syttiende**	ßöttiäne
80.	**åttiende**	oottiäne
90.	**nittiende**	nittiäne
100.	**hundrede**	hünndräde

Zeitangaben

Hier die wichtigsten Zeitangaben im Überlick. Wochentage, Monatsnamen und Jahreszeiten sind männlichen Geschlechts.

Wochentage

mandag (m)	mandaag	Montag
tirsdag (m)	tirschdaag	Dienstag
onsdag (m)	uunßdaag	Mittwoch
torsdag (m)	torschdaag	Donnerstag
fredag (m)	frädaag	Freitag
lørdag (m)	lördaag	Samstag
søndag (m)	ßönndaag	Sonntag
hverdager (m)	wärdaager	Arbeitstage

Monate

januar (m)	janüar	Januar
februar (m)	fäbrüar	Februar
mars (m)	marsch	März
april (m)	apriil	April
mai (m)	mäi	Mai
juni (m)	jüni	Juni
juli (m)	jüli	Juli
august (m)	äügüßt	August
september (m)	ßäptämber	September
oktober (m)	oktuuber	Oktober
november (m)	nuuwämber	November
desember (m)	däßämber	Dezember

Zeitangaben

Jahreszeiten

vår (m)	woor	Frühling
sommer (m)	ßommer	Sommer
høst (m)	hößt	Herbst
vinter (m)	winter	Winter

Zeitwörter

dag (m)	daag	Tag
natt (w)	natt	Nacht
morgen (m)	morn	Morgen
middag (m)	middaag	Mittag
ettermiddag (m)	ättermiddaag	Nachmittag
kveld (s)	kwäll	Abend
aften (m)	aften	Abend
uke (w)	üke	Woche
måned (m)	moonäd	Monat
år (s)	oor	Jahr

allgemeine Zeitangaben

i går *in gestern*	ii goor	gestern
i dag *in heute*	ii daag	heute
i morgen *in morgen*	ii morn	morgen
i forgårs *in vorgestern*	ii forgoorsch	vorgestern
i overmorgen *in übermorgen*	ii uvermorn	übermorgen

neste dag *nächte Tag*	näßte daag	der nächste Tag
i år *in Jahr*	ii oor	dieses Jahr
forrige måned	forrie mooned	vorigen Monat
neste uke	näßte üke	nächste Woche
nå	noo	jetzt
tidlig	tiidli	früh
tidligere	tiidliäre	früher
snart	ßnart	bald
senere	ßänäre	später
aldri	alldri	nie
alltid	allti	immer
straks	ßtrakß	gleich
nettopp	nättopp	gerade
i morgen tidlig *in morgen zeitig*	ii morn tiidli	morgen früh
i morgen formiddag *in morgen Vormittag*	ii morn formiddaag	morgen Vormittag
i dag morges *in Tag früh*	ii daag morreß	heute Morgen
i aften *in Abend*	ii aften	heute Abend
i går aftes *in gestern abends*	ii goor afteß	gestern Abend

Uhrzeit

Offiziell zählt man 24 Stunden, z. B. auf Bahnhöfen und bei sonstigen Zeitansagen.

når *wann*	noor	um wie viel Uhr?
over	uwer	nach
på	poo	vor
kvart	kwart	viertel
halv	hall	halb
klokka *Uhr-die*	klokka	um

Hvor mye er klokka?
wo müüe är klokka
wie viel ist Uhr-die
Wie spät ist es?

Klokka er ...
klokka är
Uhr-die ist
Es ist ... Uhr.

Im Alltag wird meist nur das 12-Stunden-System verwendet.

Klokka er ti på ni.
klokka är tii poo nii
Uhr-die ist zehn vor neun
Es ist zehn vor neun.

Klokka er kvart over fem.
klokka är kwart uwer fämm
Uhr-die ist viertel nach fünf
Es ist Viertel nach fünf.

om ti minutter
omm tii minüter
in zehn Minuten
in zehn Minuten

om et kvarter
omm ät kwarter
in einem Viertel
in einer Viertelstunde

om en halvtime
omm än hall time
in einer Halbstunde
in einer halben Stunde

om en time
omm än time
in einer Stunde
in einer Stunde

Kurz-Knigge

Die Norweger sind eigentlich weder besonders höflich noch ausgesprochen unfreundlich. Allerdings gibt es keine alten Kavalier-Regeln mehr, wie etwa „Ladies first". Es herrscht **Gleichberechtigung**.

Da die meisten Einheimischen aufgrund ihrer Lebensverhältnisse raue „Kerle" sind (auch die Frauen), tragen sie ihre **Gefühle** nicht offen zur Schau. Deshalb fangen Sie vor allem nicht an, sich über dieses und jenes zu beklagen, und schon gar nicht über die eigenen Wehwehchen. Für einen Norweger ist das Selbstmitleid.

Bedanken Sie sich für alles und jedes. Wenn Sie zum Essen eingeladen sind, vergessen Sie auf keinen Fall „Takk for maten!" zu sagen. Sonst fühlen sich die Gastgeber beleidigt. Aber auch sonst können Sie immer, wenn Sie nicht genau wissen, was los ist, „Takk!" sagen. Bedankt sich jemand bei Ihnen, antworten Sie am besten mit „Takk i like måte!" (Danke ebenso!).

Trinken Sie keinen **Alkohol** auf offener Straße.

Stören Sie keine **Unterhaltung** zweier Norweger, indem Sie sich einfach dazugesellen. Setzen Sie sich auch lieber nicht zu Fremden an den Tisch. Das wird oft als grobe Unhöflichkeit empfunden.

Zur **Kleidung** lässt sich sagen, dass die

Mode Mode etwa die gleiche ist wie hier in Deutschland. Im Sommer trägt man auch bei niedrigen Temperaturen dünnere Sachen (lieber nicht nachmachen). Es wundert sich niemand, wenn Sie mit Gummistiefeln und Regenjake bei strahlendem Sonnenschein herumlaufen. Auf der Straße gilt außerdem besonders für Frauen: Nicht „oben ohne“ Fahrad fahren o. ä. Sehr oft sind Jeans-Jacken zu sehen. Damit fällt man, glaube ich, als Ausländer am wenigsten auf. (Es gibt übrigens fast gar keine norwegischen Punks!)

im Geschäft Beim Betreten oder Verlassen eines Geschäftes wird üblicherweise nicht gegrüßt. Verkäufer sind nicht so aufdringlich wie bei uns, das heißt, man kann meistens ungestört im Laden herumstöbern. Wundern Sie sich nicht über die hohen Preise! Die Einheimischen empfinden das ebenso, geben es aber nicht zu.

Händeschütteln Händeschütteln ist sehr viel seltener als bei uns.

Schlange stehen Sehen Sie eine Schlange, dann stellen Sie sich hinten an. Vordrängeln ist sehr unhöflich und auch unter Norwegern nicht üblich.

Anrede & Grüßen

Es ist in ganz Skandinavien üblich geworden, sich zu duzen. Anstelle der höflichen Anrede De (Sie) sagt man grundsätzlich einfach du. Deshalb verwende ich in den folgenden Redewendungen stets die Du-Form, denn nicht nur Freunde, Bekannte und Jugendliche duzen sich, sondern auch Kunde und Verkäufer duzen sich im Geschäft oder Angestellte duzen ihre Vorgesetzten (und umgekehrt).

Falls Ihnen das „du" zu vertraulich erscheint, können Sie mit diesem Schema die Sie-Formen einsetzen.

du	dü	du	**De**	dii	Sie
deg	dai	dich	**Dem**	däm	Ihnen
din	diin	dein	**Deres**	däreß	Ihr

grüßen

God morgen! guu morn	Guten Morgen!
God dag! guu daag	Guten Tag!
God kveld! guu kwäll	Guten Abend!
God natt! guu natt	Gute Nacht!
Hei! hai	Hallo!
Adjø!, Ha det! adjöö, ha dä	Tschüss!
På gjensyn! poo jänßüün	Auf Wiedersehen!

Bitten, Danken, Wünschen

In Norwegen bedankt man sich andauernd für alles. Norweger legen auf diese kleine Floskeln großen Wert.

bitten

Die Aussprache „waschäguu" *für* Vær så god! *ist informeller.*

Vær så god!
wäär ßoo guu, waschäguu
sei so gut
Bitte! (anbieten/erlauben)

Ja, takk.
ja, takk
Ja, bitte. (als Antwort auf eine Frage)

Wenn man etwas nicht versteht, sagt man:

Hva sa du?
wa sa dü
was sagtest du
Was sagtest du?

Hva behager?
wa bähager
was behagt
Wie bitte?

Sie möchten etwas haben und bitten darum mit:

Vær så snill å ...
wäär ßoo ßnill oo
sei so nett zu
Sei so nett zu ...

Vær så vennlig å ...
wäär ßoo wännli oo
sei so freundlich zu
Sei so freundlich zu ...

Kan du/De ...?
kann dü/dii
Kannst du/Sie ... ?

danken

Grundsätzlich heißt „danke" takk. Varianten davon sind:

Takk skal du ha.
takk ßkal dü ha
Dank sollst du haben
Vielen Dank.

Mange takk.
mange takk
viel Dank
Vielen Dank.

Wenn man geht und sich verabschiedet, sagt man:

Takk for nå.
takk for naa
danke für jetzt
Danke für jetzt.

Takk for meg.
takk for mai
danke für mich
Danke für mich.
(wenn man alleine ist)

Takk for oss.
takk for oss
danke für uns
Danke für uns.
(wenn man zu zweit ist)

Trifft man sich nach einer Feier oder einem ähnlichem Anlass wieder, so heißt es:

Takk for i går.	**Takk for sist.**
takk for ii goor	takk for ßißt
danke für in gestern	*danke für letztens*
Danke für gestern.	Danke für letztens.

Auch sonst bedankt man sich für alles Mögliche:

Bedanken Sie sich lieber zweimal zu viel als ein Mal zu wenig!

Takk for maten.	**Takk for følget.**
takk for maten	takk for följe
danke für Essen-das	*danke für Begleitung-die*
Danke fürs Essen.	Danke für die Begleitung.

Takk for lånet.	**Takk for hjelpen.**
takk for loone	takk for jälpen
danke für Ausleihen-das	*danke für Hilfe-die*
Danke fürs Ausleihen.	Danke für die Hilfe.

Ingen årsak.
ingen oorschak
Keine Ursache.

Bedankt sich jemand bei Ihnen, so antworten Sie „Danke gleichfalls!“

Takk det samme.	**Takk i like måte.**
takk dä ßamme	takk ii liike moote
danke das Gleiche	*danke in gleicher Weise*
Danke gleichfalls.	Danke gleichfalls.

Entschuldigung

Unnskyld!
ünnschüll
Entschuldige!

Glückwünsche

Man sagt nicht einfach „Frohes Fest", sondern man nennt es beim Namen:

Godt nyttår! gott nüttoor	Frohes Neues Jahr!
God påske! guu pooßke	Frohe Ostern!
God pinse! guu pinße	Frohe Pfingsten!
God jul! guu jüül	Frohe Weihnachten!

Zum Geburtstag wünscht man sich:

Gratulerer med dagen!
gratülärer mee daagen
gratuliere mit Tag-der
Herzlichen Glückwunsch!

Floskeln & Redewendungen

Hier habe ich einige wichtige Floskeln zusammengefasst, die man nicht so ohne weiteres aus dem Deutschen ins Norwegische übersetzen kann.

fragen

Finnes det ...? finnäß dä *findet-sich das*	Gibt es ...?
Har du/De ...? haar dü/dii	Hast du ...?/ Haben Sie ...?
Hva koster det? wa koßter dä	Was kostet das?
Hvor mye blir det? wo müüe bliir dä *wo viel wird das*	Wie viel macht das?
Jeg vil gjerne ha ... jai will järne ha *ich würde gerne haben*	Ich möchte ... haben.
Forstår du? forschtoor dü	Verstehst du?

bejahen/verneinen

Jeg forstår ikke.
jai forschtoor ikke
ich verstehe nicht
Ich verstehe nicht.

Aner ikke!
aanär ikke
ahne nicht
Keine Ahnung!

Ja.	ja	Ja.
Jo!	juu	Doch!
Ja vel.	ja well	Ja, gut.
Jaså?	jasoo	Ach ja?
Hva så? *was so*	wa soo	Na und?
Sikkert!	sikkärt	Sicher!
Nei.	nai	Nein.

Floskeln

Se deg for da mann! se dai for da mann *sieh dich vor da Mann*	Pass doch auf, Mann!
Slapp av! schlapp af *relax dich*	Reg dich ab!
Gi plass! jii plass *gib Platz*	Mach Platz!
Hei karer! hai kaarer *hi Kerle*	Hallo, Leute!
Hei på dere! hai poo däre *hallo auf euch*	Hallo, ihr alle!
Tenk det! tänk dä *denk das*	Stell dir vor!
Sier du det! ßiir dü dä *sagst du das*	Ja wirklich?, Nein, sowas!

Das erste Gespräch

Hier kommen jetzt ein paar Sätze, um eine Unterhaltung mit Leuten zu beginnen, die man bis dahin noch nicht kannte. Ich habe sie nach verschiedenen Situationen sortiert.

auf der Straße

Hvor kjører du hen?
wo chörer dü hänn
wo fährst du hin
Wohin fährst du?

Jeg kjører til ...
jai chörer till
ich fahre zu
Ich fahre zu ...

Hvor går du hen?
wo goor dü hänn
wo gehst du hin
Wohin gehst du?

Jeg går i/til **...**
jai goor ii/till
ich gehe in/nach
Ich gehe in/nach ...

Hvor skal vi?
wo ßkal wii
wo sollen wir
Wohin gehen/fahren wir?

Tar du med meg?
taar dü mai mee
nimmst du mich mit
Nimmst du mich mit?

im Restaurant

Er denne plassen opptatt?
är dänne plassen opptatt
Ist dieser Platz besetzt?

Har du fyr?
haar dü füür
Hast du Feuer?

Røyker du? röiker dü Rauchst du?	**Nei, ikke mer.** nai, ikke mär Nein, nicht mehr.
Er du alene her? är dü aläne här Bist du hier alleine?	**Selvsagt.** sällsagt Selbstverständlich.
Naturligvis ikke. natürliwiis ikke Natürlich nicht.	**Nå spøker du!** noo ßpöker dü Nun scherzt du!

an der Theke

Vil du drikke noe?
will dü drikke nue
willst du trinken etwas
Willst du etwas trinken?

Skal vi drikke noe sammen?
ßkal wii drikke nue ßammen
soll wir trinken etwas zusammen
Sollen wir etwas zusammen trinken?

Jeg spanderer!
jai ßpandärer
ich spendiere
Ich gebe einen aus!

Jeg betaler alt sammen.
jai bätaler alt ßammen
Ich bezahle alles zusammen.

beim Tanz

Skal vi danse?
ßkal wii danße
wollen wir tanzen
Wollen wir tanzen?

Jeg kan ikke danse.
jai kann ikke danße
ich kann nicht tanzen
Ich kann nicht tanzen.

Skal vi danse en gang til?
ßkal wii danße än gang till
sollen wir tanzen ein Mal noch
Sollen wir nochmal tanzen?

Nei, takk.
nai, takk
Nein, danke.

Ja, gjerne.
ja, järne
Ja, gerne.

La meg være i fred.
la mai vääre ii freed
lass mich sein in Ruhe
Lass mich in Ruhe.

Hvorfor ikke?
wurfor ikke
warum nicht
Warum nicht?

Wie geht's?

Hvordan har du det?
wurdan haar dü dä
wie hast du es
Wie geht es dir?

Takk, bra. Og du?
takk, braa o dü
danke, gut und du
Danke, gut. Und du?

Hvordan går det med ...?
wurdan goor dä mee
wie geht es mit
Wie geht es ...?

mannen din mannen diin *Mann-der dein*	deinem Mann
foreldrene dine. foräldräne diine *Eltern-die deine*	deinen Eltern
hustruen din hüßtrüen diin *Frau-die deine*	deiner Frau

som alltid	ßomm allti	wie immer
dårlig	doorli	schlecht

Urlaub

Hva gjør du her?
wa jör dü här
Was machst du hier?

Jeg er på ferie.
jai är poo färie
Ich bin auf Urlaub.

Jeg besøker vennen min / venninna mi.
jai bäsöker wännen miin/wännina mii
ich besuche Freund-der meine / Freundin-die meine
Ich besuche einen Freund / eine Freundin.

Jeg besøker kjæresten min.
jai bäsöker chäräßten miin
ich besuche Liebste-die/der mein(e)
Ich besuche meinen Freund/meine Freundin.

Hvor kommer du fra?
wo kommer dü fraa
wo kommst du aus
Woher kommst du?

Jeg er fra ...
jai är fraa
ich bin aus
Ich bin aus ...

Er du her ofte?	**Hver uke.**	**Hvert år.**
är dü här ofte	wärr üke	wärrt oor
bist du hier öfter	*jede Woche*	*jedes Jahr*
Bist du öfter hier?	Jede Woche.	Jedes Jahr.

Nach den ersten Worten, möchte man gewiss noch mehr voneinander wissen. Dazu habe ich einige Redewendungen aufgeschrieben, die Sie bestimmt zu hören bekommen.

Name/Beruf

Hva heter du?	**Jeg heter ...**
wa häter dü	jai häter
was heißt du	*ich heiße*
Wie heißt du?	Ich heiße ...

Studerer eller jobber du?
ßtüdärer äller jobber dü
Studierst oder arbeitest du?

Jeg går på skole ennå.
jai goor poo ßkuule ännoo
ich gehe auf Schule noch
Ich gehe noch zur Schule.

Hva studerer du?
wa ßtüdärer dü
Was studierst du?

Hva er du av yrke?	**Jeg er ...**
wa är dü af ürke	jai är
Was bist du von Beruf?	Ich bin ...

arbeidsløs arbaidßlöß	arbeitslos
husmor (w) hüßmur	Hausfrau
funksjonær (m) funkschuunär	Beamter, Angestellte/r
ingeniør (m) inschänör	Ingenieur
student (m) ßtüdent	Student
sykepleier (m) ßüükeplaier	Krankenschwester/ -pfleger
mekaniker (m) mäkaniker	Mechaniker
baker (m) baaker	Bäcker
snekker (m) ßnäkker	Tischler

Alter

Hvor gammel er du?
wo gammäl är dü
Wie alt bist du?

Jeg er ... år gammel.
jai är ... oor gammäl
Ich bin ... Jahre alt.

Så godt som ...
ßoo gott ßomm
so gut wie
Fast ...

Omtrent ...
ommtränt
ungefähr
Ungefähr ...

Gammel nok.
gammäl nokk
Alt genug.

Det sier jeg ikke.
dä siir jai ikke
Das sage ich nicht.

Gjett en gang!
jätt än gang
rate ein Mal
Rate mal!

Unterkunft

Hvor bor du? wo buur dü Wo wohnst du?	**Jeg bor i ... gata.** jai buur ii ... gaata Ich wohne in ... Straße.

hos ... hoss	bei ...
på hotellet ... poo hotälle	im Hotel ...

Familie

Er du gift? är dü jift Bist du verheiratet?	**Har du barn?** haar dü barn Hast du Kinder?
en sønn än sönn ein Sohn	**en datter** än datter eine Tochter
to sønner tu sönner zwei Söhne	**to døtre** tu döttre zwei Töchter

Weitere Verwandschaftswörter stehen im Kapitel „Hauptwörter".

Das Wetter

Das Wetter ist immer ein beliebter Anlass, um ins Gespräch zu kommen.

Hvordan er været i ...?
wurdan är wääre ii
wie ist Wetter-das in
Wie ist das Wetter in ...?

Det er meldt pent / dårlig vær.
dä är mält pänt/doorli wäär
es ist gemeldet schönes/schlechtes Wetter
Das Wetter soll schön/schlecht werden.

Det blir pent vær igjen.
dä bliir pänt wäär ijän
es wird schönes Wetter wieder
Es wird wieder schönes Wetter.

Tåka letner.
tooka lättner
Nebel-der leichter-werden
Der Nebel lichtet sich.

Det har sluttet å regne.
dä haar schlüttet oo raine
Es hat aufgehört zu regnen.

Hvor mange grader er det?
wo mange graader är dä
Wie viel Grad ist es?

Det ser ut til å bli regn.
dä ßär ütt till oo blii rain
es sieht aus zu zu werden Regen
Es sieht nach Regen aus.

Jeg fryser. jai früüßer	Ich friere.
Det snør. dä ßnöör	Es schneit.
Det hagler. dä haagler	Es hagelt.
Det tordner. dä tuurdner	Es donnert.
Det lyner. dä lüüner	Es blitzt.
Det blir storm. dä bliir ßtuurm	Es gibt Sturm.
Det er tett tåke. dä är tätt tooke	Es ist dichter Nebel.
Det regner. dä rainer	Es regnet.
Det er varmt/kaldt. dä är warmt/kallt	Es ist warm/kalt.

Sola/månen skinner.
ßuula/moonen schinner
Sonne-die/Mond-der scheint
Die Sonne / der Mond scheint.

Unterwegs

In einer Stadt oder einem größeren Dorf (im Norden gibt es allerdings kaum welche), werden Sie sich mit folgenden Ausdrücken bestimmt gut zurechtfinden. Da die Norweger recht freundliche Leute sind, werden sie Ihnen sicher helfen, wenn Sie nach dem Weg fragen. Achten Sie aber auch auf Handbewegungen, wenn Ihnen der Weg beschrieben wird.

nach dem Weg fragen

Kan du si meg, hvor ... er?
kann dü sii mai wo ... är
kann du sagen mich, wo ... ist
Kannst du mir sagen, wo ... ist?

Hvordan kommer jeg til ...?
wurdan kommer jai till
Wie komme ich nach ...?

Richtungshinweise

Kjør/gå til høyre, til venstre, rett fram!
chöör/goo till hoire, till wänßtre, rätt fram
Fahr/geh nach rechts, nach links, geradeaus!

Først ..., deretter rundt hjørnet.
förscht ..., därätter runn jörne
zuerst ..., danach rund Ecke
Zuerst ..., dann um die Ecke.

apotek (s) apotek	Apotheke
stasjon (m) ßtaschuun	Bahnhof
bank (m) bank	Bank
bibliotek (s) biblioták	Bibliothek
ambassade (m) ambassade	Botschaft
landsby (m), **et lite sted** lannßbüü, ätt liite ßtäd	Dorf, kleiner Ort
hovedgate (w) huwädgaate	Hauptstraße
hus (s) hüüß	Haus
kino (s) chiinu	Kino
kirke, kyrkje (w) chiirke	Kirche
sykehus (s) schüükehüüß	Krankenhaus
butikk (m) bütikk	Laden
torg (s) torg	Markt
museum (s) müßäüm	Museum
park (m) park	Park
politi (s) pulitii	Polizei

post (m) poßt	Post
rådhus (s) roodhüüß	Rathaus
by (m) büü	Stadt
strand (w) ßtrann	Strand
gate (w) gaate	Straße
teater (s) täater	Theater
universitet (s) üniwärschitäte	Universität
vei/veg (m) wai	Weg
bilverksted (s) biilwärkßtäd	Werkstatt

... mit öffentlichen Verkehrsmitteln

Hvilken buss går til ...?
wilken büss goor till
welcher Bus geht nach
Welcher Bus geht nach ...?

Jeg skal til ...
jai ßkal till
ich soll zu
Ich will nach ...

Hvor skal du hen?
wo ßkal dü hänn
wo sollst du hin
Wohin willst du?

En billett til ...
än bilätt till
eine Fahrkarte nach
Eine Fahrkarte nach ...

Hvilken trikk skal jeg ta til ...?
wilken trikk ßkal jai ta till
Welche Straßenbahn soll ich nehmen nach ...?

Ta nummer ...!
ta nümmer
nimm Nummer
Nimm Nummer ...!

Hvor er stoppestedet?
wo är ßtoppeßtäde
wo ist Haltestelle-die
Wo ist die Haltestelle?

Når går det et tog til ...?
noor goor dä ät toog till
wann geht es der Zug nach
Wann geht ein Zug nach ...?

Hvor må jeg gå av?
wo moo jai goo af
wo muss ich steigen aus
Wo muss ich aussteigen?

Her skal du av.
här ßkal dü af
hier sollst du ab
Hier musst du aussteigen.

Du må bytte trikk/buss i ...
dü moo bütte trikk/büss ii
du musst wechseln Bahn/Bus in ...
Du musst in ... umsteigen.

... im Taxi

Vil du kjøre meg til ...?
will dü chöre mai till
willst du fahren mich zu
Willst du mich nach ... fahren?

Vent et øyeblikk!
wänt ät öieblikk
wart ein Augenblick
Wart einen Augenblick!

... auf Fähren

Når går ferja til ...?
noor goor färja till
wann geht Fähre nach
Wann geht die Fähre nach ...?

Hva koster det for tre personer og en bil?
wa koßter dä for trä pärschooner o än biil
Was kostet das für drei Personen und einen Wagen?

Er det grupperabatt?
är dä grüpperabatt
ist es Gruppenrabatt
Gibt es Gruppenrabatt?

Wenn Sie in der Fjordgegend im Westen des Landes mit dem Auto unterwegs sind, passiert es oft, dass die Straße einfach unterbrochen wird und Sie mit einer Fähre übersetzen müssen.

ankomst (m) annkommßt	Ankunft
avgang (m) afgang	Abfahrt

barnebillett (m) barnebillätt	Kinderfahrkarte
billett (m) billätt	Fahrkarte
billett luke (w) billätt lüke	Fahrkartenschalter
buss (m) büss	Bus
drosje (m) drosche	Taxi
fly (s) flüü	Flugzeug
flyplass (m) flüüplass	Flughafen
første klasse (m) förschte klasse	erste Klasse
havn (s) hawn	Hafen
ikke-røkere ikke roikäre	Nichtraucher
koffert (m) koffärt	Koffer
nødbremse (w) nööbrämße	Notbremse
nødutgang (m) nööütgang	Notausgang
oppbevaring (w) oppbäwaring *Aufbewahrung*	Gepäckaufbewahrung
perrong (m) pärrong	Bahnsteig
røkere roikäre	Raucher

returbillett (m) räturbillätt	Rückfahrkarte
skip (s) schiip	Schiff
stasjon (m) ßtaschuun	Bahnhof
stoppested (s) ßtoppeßtäd	Haltestelle
tillegg (til) tillägg	Zuschlag (zu)
toaletter toalätter	Toiletten
tog (s) toog	Zug

... unterwegs mit dem Auto

Beachten Sie als Autofahrer in Norwegen folgende Tipps und Regeln.

Immer mit Licht fahren.
Diesel ist nur halb so teuer wie Super.
In Schweden tanken (ist billiger).
Vorfahrtsstraßen haben nicht an jeder Kreuzung ein neues Schild.
Auf Zebrastreifen haben Fußgänger nur theoretisch Vorrang.
Tunnel sind nicht beleuchtet. Für die beleuchteten muss man oft eine geringe Gebühr zahlen.
Auf breiten zweispurigen Straßen wird in der Mitte überholt.
Es gilt nicht „Bergfahrt vor Talfahrt“, sondern derjenige fährt zurück, der näher an einer Ausweichstelle ist.

Am besten fährt man mit dem eigenen Auto nach Norwegen. Da es aber in manchen Gegenden nicht besonders viele Werkstätten gibt, sollte man sein eigenes Werkzeug und eine Reparaturanleitung mitnehmen. Will man nachts im Auto schlafen, sind dunkle Vorhänge recht nützlich, denn es bleibt in den Sommernächten ziemlich hell (Mitternachtssonne).

Hvor er den nærmeste bensinstasjonen?
wo är dän näärmäßte bänßiinßtaschuunen
wo ist die naheste Tankstelle-die
Wo ist die nächste Tankstelle?

Vær så snill å fylle tanken.
wäär ßoo ßnill oo fülle tanken
sei so lieb zu füllen Tank-der
Bitte volltanken.

Kan du taue bort bilen?
kann dü täüe burt biilen
kannst du schleppen weg Wagen-der
Kannst du den Wagen abschleppen?

... er i stykker.
... är ii ßtükker
... ist in Stücke
... ist kaputt.

Undersøk ..., er du snill.
ünnersöök ..., är dü ßnill
untersuche ..., sei du nett
Untersuche ..., bitte.

Hier eine Liste der wichtigsten Ersatzteile, damit Sie nicht „auf dem Schlauch" stehen.

aksel (m) akäl	Achse
starter (m) ßtarter	Anlasser
eksosrør (s) äkßußröör	Auspuff
batteri (s) battärii	Batterie
blinklys (s) blinklüüß	Blinker
bremse (m) brämße	Bremse
bremsepedal (m) brämßepädaal	Bremspedal
pakning (m) pakkning	Dichtung
diesel diißäl	Diesel
reservedel (m) räßärwedäl	Ersatzteil
gir (s) jiir	Gang, Getriebe
gaspedal (m) gaaßpädaal	Gaspedal
kabel (m) kaabäl	Kabel
kilerem (w) chileräām	Keilriemen
skjerm (m) schärm	Kotflügel
kjøler (m) chöler	Kühler

clutch (m) klutsch	Kupplung
lykt (m) lüükt	Lampe
tomgang (m) tommgang	Leerlauf
ratt (s) ratt	Lenkrad
dynamo (m) düünamuu	Lichtmaschine
luftfilter (s) lüftfilter	Luftfilter
motor (m) mutuur	Motor
vanlig bensin (m) waanli bänßiin	Normalbenzin
olje (m) ollje	Öl
hjul (s) jüül	Rad
dekk (s) däkk	Reifen
girstang (m) jiirßtang	Schaltknüppel
slange (w) ßlange	Schlauch
kjetting (w) chätting	Schneekette
skrujern (s) ßkrüüjärn	Schraubenzieher
sikring (w) schikkring	Sicherung

støtdemper (m) ßtöötedämper	Stoßdämpfer
super ßüper	Super
ventil (m) wäntiil	Ventil
forgasser (m) forgasser	Vergaser
jekk (m) jäkk	Wagenheber
vann (s) wann	Wasser
tennplugg tännplugg	Zündkerze

Hinweisschilder

Adgang forbudt! adgang forbütt	Zutritt verboten!
Ankomst ankommßt	Ankunft
Anleggested anläggeßtäd	Anlegeplatz
A/S aa/ß	Aktiengesellschaft
Avgang afgang	Abfahrt
Bading forbudt! baading forbütl	Baden verboten!
Bilferjer biilfärjer	Autofähren

Bildekk biildäkk	Autodeck
Blindgate/-vei blinngaate/wai	Sackgasse
Brygge brügge	Landungsbrücke
Drosje drosche	Taxi
Dyretrekk düüreträkk	Wildwechsel
Dårleg veg (Nyn) doorli wai	schlechter Weg
Dårlig veidekke doorli waidäkke	schlechte Fahrbahn
Ferist fäärißt	Viehzaun
Forbud mot forbikjøring! forbütt muut forbiichööring	Überholverbot
Forbud mot gjennomfart! forbütt muut jännomfart	Durchfahrverbot
Gjennomgang forbudt! jännomgang forbütt	Kein Durchgang!
Husk kjørelys! hüßk chööreluüüß	Denk ans Fahrlicht!
Hytter ledig hütter läädi	Hütten frei
Hytter opptatt hütter opptatt	Hütten besetzt
Inn inn	Eingang

Jernbanestasjon järnbaaneßtaschuun	Bahnhof (Eisenbahn)
Kjør sakte! chöör ßakte	Fahr vorsichtig!
Ledig läädi	Frei
Livbåter liifbooter	Rettungsboote
Løs grus lööß grüüß	loser Schotter
Løse kanter lööße kanter	Seitenstreifen nicht befahrbar
Lugar lüggar	Kabine
Lukket lukket	geschlossen
Møteplass mööteplass	Ausweichstelle
NAF en aa ef	Norwegischer ADAC
Omkjøring ommchööring	Umleitung
Opplysninger opplüüßninger	Informationen
Opptatt opptatt	besetzt
Parkering med avgift parkäring mee afjift	Gebührenpflichtiger Parkplatz
Rom ruum	Zimmer
Røkekupe röikeküpee	Raucherabteil

Rø(y)king forbudt! röiking forbütt	Rauchen verboten!
Røyking forbode! röiking forbude	Rauchen verboten! (Nyn)
Selvbetjening, Selvbetjenst sällbätjäning sällbätjänßt	Selbstbedienung
Skysstasjon schüsstaschuun	Busbahnhof (in kleineren Orten)
Stasjon ßtaschuun	Bahnhof
stengt ßtängt	geschlossen
Stoppested ßtoppeßtäd	Haltestelle
Stoppforbud ßtoppforbütt	Halteverbot
Sjukehus, Sykehus schükehüüß, ßüükehüüß	Krankenhaus
Til bildekk till biildäkk	Zum Autodeck
Til leie till läie	Zu vermieten
Toaletter toalätter	Toiletten
Tollhus tollhüüß	Zollhaus
Torg torg	Markt
Ut ütt	Ausgang
Utsalg üttsalg	Ausverkauf

Veiarbeidsområde waiarbaidsomroode	Baustellen-Gebiet
Venterom wänteruum	Wartezimmer
Åpen, Åpent oopen oopänt	offen
Tilbud tillbütt	Sonderangebot
Gatekjøkken gaatechökken	Pommesbude

Landschaftsnamen

bekk (m)	bäkk	Bach
berg (s)	bärg	Berg
bukt (w)	bükt	Bucht
dal (m)	daal	Tal
dam (m)	damm	Teich
elv (w)	älf	Fluss
felt (s)	fält	Feld/Gebiet
fjell (s)	fjäll	kahler Berg
foss (m)	foss	Wasserfall
jorde (s)	juure	Feld/Acker
gard, gård (m)	goor	Bauernhof
haug (m)	häüg	Hügel
hav (s)	haaf	Meer
hytte (w)	hütte	Hütte
koll (m)	koll	Kuppe
kyst (m)	chüßt	Küste
munning (m)	münning	Mündung
myr (w)	müür	Moor
nut (m)	nüüt	Bergspitze
sjø (m)	schö	See
skog (m)	ßkuug	Wald
stryk (s)	ßtrüük	Stromschnelle
sump (m)	ßump	Sumpf
tind (m)	tinn	Gipfel
topp (m)	topp	Spitze
tre (s)	tree	Baum
vatn (s)	watn	Gewässer
vidde (w)	widde	Hochebene
vik (w)	wiik	Bucht
øy (w)	öi	Insel

Einkaufen

Die wichtigsten Fragen, um etwas zu kaufen oder einzukaufen, sind:

Hvor mye koster ...?
wo müüe koßter
Wie viel kostet ...?

Hvor har du ...?
wo haar dü
Wo hast du ...?

Gi meg ...!
jii mai
Gib mir ...!

Dette liker jeg (ikke).
dätte liiker jai (ikke)
Dies gefällt mir (nicht).

Det er for ...	dä är for	Das ist zu ...
broket	bruket	bunt
mørkt	mörkt	dunkel
stort	ßtuurt	groß
lyst	lüüßt	hell
lite	liite	klein
kort	kort	kurz
langt	langt	lang
dyrt	düürt	teuer

Kreditkarten

Mit einer Kreditkarte oder der Euroscheckkarte zu bezahlen ist zwar in größeren Städten üblich, auf dem Lande und weiter im Norden kann es jedoch sein, dass sie nicht überall akzeptiert werden.

Kan jeg betale med Eurokort?
kann ich bezahlen mit Eurokarte
Kann ich mit der Euroscheckkarte bezahlen?

Aksepterer de visa-korten?
Akzeptieren Sie die Visakarte ?

... auf dem Markt

Ein typisches Marktgespräch könnte so aussehen.

God morgen.
guu morn
guten Morgen
Guten Morgen.

Hei, hvordan står det til?
hai, wurdan ßtoor dä till
hei, wie steht es zu
Morgen. Wie geht's?

Takk, bra.
takk, braa
Danke, gut.

Hva vil du ha?
wa will dü ha
Was willst du haben?

Jeg vil gjerne kjøpe epler og jordbær.
jai will järne chööpe äppler o juurbäär
ich möchte gerne kaufen Äpfel und Erdbeeren
Ich hätte gerne Äpfel und Erdbeeren.

Hvor mye koster jordbærne?
wo müüe koßter juurbääräne
wie viel kosten Erdbeeren-die
Wie viel kosten die Erdbeeren?

Ti kroner for kurven.
tii kruuner for kürwen
zehn Kronen für Schälchen
Zehn Kronen ein Schälchen.

Og eplene?
o äppläne
und Äpfel-die
Und die Äpfel?

Tolv kroner ett kilo.
toll kruuner ätt chiilu
zwölf Kronen ein Kilo
Zwölf Kronen das Kilo.

Hvor mye jordbær vil du ha?
wo müüe juurbäär will dü ha
wie viel Erdbeeren willst du haben
Wie viele Erdbeeren willst du haben?

Gi meg to kurver jordbær og ett kilo epler.
jii mai tu kürwer juurbäär o ett chiilu äppler
Gib mir zwei Schalen Erdbeeren und ein Kilo Äpfel.

Det blir tretti to kroner.
dä bliir trätti tu kruuner
das wird dreißig zwei Kronen
Das macht zweiunddreißig Kronen.

Åh, for dyrt.
oo, for düürt
ach, für teuer
Oh, zu teuer.

Jeg har bare tretti kroner.
jai haar baare trätti kruuner
ich habe nur dreißig Kronen
Ich habe nur dreißig Kronen.

Ja vel, la oss si tretti kroner for alt samme.
ja wäll, la oss ßii trätti kruuner for alt ßamme
na gut, lass uns sagen dreißig Kronen für alles zusammen
Na gut, sagen wir dreißig Kronen alles zusammen.

Takk så mye.
takk ßoo müüe
danke so viel
Vielen Dank.

Ta det.
ta dä
nimm das
Nimm das.

Ha det (godt/bra).
ha dä (gott/braa)
hab es (gut)
Tschüss.

Essen & Trinken

Wenn Sie nicht gerade im Hotel mit Vollpension wohnen, stellen Sie sich auf Selbstverpflegung ein. Man kann sich auch viele Lebensmittel aus Deutschland mitnehmen (zum Beispiel Orangensaft und Dosen), weil sie hier billiger sind. Die Einfuhr von Schweinefleisch, Kartoffeln, Eiern und Milch ist jedoch verboten. Denken Sie auch an den Campingkocher und ans Besteck!

Restaurant

Essenzeiten: Lunch um etwa 13 Uhr und Middag um 18 bis 20 Uhr (warmes Abendessen). Auf dem Lande ist Middag schon um etwa 14 Uhr und Aftens um etwa 19 Uhr (Abendbrot).

Kelner!
kälner
Kellner
Ober!

Frøken!
frööken
Fräulein
Fräulein!

Hva ønsker du/De?
wa önßker dü/dii
Was wünschen du/Sie?

Jeg/vi vil gjerne ha ...
jai/wii will järne ha
Ich/wir wollen gerne haben ...

Velbekomme!
wällbäkomme
wohl-bekomm
Guten Appetit!

Skål!
ßkool
Prost!

Litt mer?
litt mär
noch mehr
Noch etwas?

Ja takk, gjerne.
ja takk, järne
ja danke, gerne
Ja danke, gerne.

Nei takk, ikke mer.
nai takk, ikke mär
nein danke, nicht mehr
Nein danke, nichts mehr.

Nach dem Essen sagt man immer (besonders wenn man privat eingeladen ist):

Takk for maten!
takk for maaten
danke für Essen-das
Vielen Dank für Speis und Trank!

Kan jeg få regningen?
kann jai foo rainingen
kann ich bekommen Rechnung-die
Die Rechnung, bitte!

Det er til Dem.
dä är til dai/dämm
das ist für dich/Sie
Das ist für Sie.

Behold resten!
bäholl räßten
behalt Rest-der
Behalt den Rest!

norwegische Spezialitäten

Lutefisk	lütefißk
Das ist in Kalilauge eingelegter Kabeljau, der gekocht mit Erbsen gegessen wird. Er hat einen recht strengen Geschmack!	
Sildegrateng	sillegraatäng
Überbackener Hering. Gibt es in sehr vielen Variationen, oft mit Kartoffeln u. Dillsoße.	
Fiskepudding	fißkepüdding
Fischpudding besteht aus zerkleinertem Dorsch oder Kabeljau mit Kartoffelmehl, der in einer Puddingform gekocht und mit Senfsoße serviert wird.	
Får i kål	foor ii kool
In Würfel geschnittenes Hammelfleisch mit Weißkohl. Dazu saure Sahne, Petersilie, Kartoffeln. Man bekommt es in Suppentellern vorgesetzt.	
Pytt i panne	pütt ii panne
Bekommt man kaum in Restaurants, dafür eher zu Hause. Fleischreste, Kartoffeln und Zwiebeln in der Pfanne mit Butter angebraten und mit Eiern oder Gurken zu genießen.	
Ølsuppe	öllßüppe
Schwarzbrot, das in Wasser und Bier gekocht wird. Je nach Geschmack wird Zucker und Sahne (oder Milch) zugegeben.	
Reinsdyrsgryte	rainßdüürgrüüte
Rentierfleisch und Speck geschmort und mit Kartoffeln und Preiselbeeren gegessen.	

Fisch

Man kann in Norwegen die herrlichsten Fische selber fangen. Man darf in allen Salzgewässern (Fjorde und Strände) ohne eine Genehmigung fischen. Aber im Süßwasser braucht man eine Angelerlaubnis (fiskekort), die es in einem nahen Dorf oder auf einem Campingplatz gibt. Es bestehen in Norwegen ernstzunehmende Bestimmungen zur Bekämpfung von Krankheiten bei Süßwasserfischen. Es kann daher sein, dass man zum örtlichen Tierarzt geschickt wird, damit er erst einmal die Angelausrüstung desinfiziert!

abbor, åbor (m)	abbur	Barsch
ål (s)	ool	Aal
blåskjell (s)	blooschäll	Miesmuschel
blekksprut (m)	bläkkeßprüüt	Tintenfisch
flyndre (w)	flündre	Scholle
gjedde (w)	jädde	Hecht
hellefisk (m)	hällefißk	Heilbutt
hval (m)	waal	Wal
hvitting (m)	witting	Weißling
karpe (m)	karpe	Karpfen
kolje (w)	kulje	Schellfisch
kveite (w)	kwaite	Heilbutt
laks (m)	lakß	Lachs
østers (m)	öschtärs	Austern
pale (m)	paale	Seelachs
piggvar (m)	piggvaar	Steinbutt
reker	rääker	Garnelen

„Rettet die Wale!" – Essen Sie keinen Wal!

rødsprette (w)	röößprätte	Scholle
sei (m)	ßai	Seelachs
sild (w)	sill	Hering
sjøtunge (w)	schöötunge	Seezunge
skrei (m)	ßkrai	Kabeljau
størje (w)	ßtörrje	Tunfisch

Obst

In Norwegen wachsen viele Beeren. Südfrüchte sind sehr teuer, weil sie importiert werden.

bjørnebær (s)	björnebäär	Brombeere
blåbær (s)	blaabäär	Blaubeere
bringebær (s)	bringebäär	Himbeere
eple (s)	äpple	Apfel
jordbær (s)	juurbäär	Erdbeere
kirsebær (s)	chirßebäär	Kirsche
markjordbær (s)	mrkjuurbäär	Walderdbeere
molte (w)	multe	Multbeere
pære (w)	päär	Birne
rips (m)	riipß	Johannisbeere
solbær (s)	ßuulbäär	schwarze Johannisbeere
stikkelsbær (s)	ßtikkelßbäär	Stachelbeere
tyttebær (s)	tüttebäär	Preiselbeere

Fleisch

bryst (s)	brüßt	Brust
fåre-...	foore	Hammel-...
gulasj (m)	gülasch	Gulasch
kalve-...	kalwe	Kalb-...
kjøtt (s)	chött	Fleisch
lamme-...	lamme	Lamm-...
lår (s)	loor	Keule

okse-...	ukße	Rind-...
pølse (w)	pölße	Wurst
postei (m)	poßtai	Pastete
stek/steik (s)	ßtäk/ßtaik	Braten
svine-...	ßwiine	Schweine-...

Zubereitung

bakt	baakt	gebacken
kokt	kukt	gekocht
krydret	krüddrät	gewürzt
ristet	rißtet	geröstet
saltet	ßaltet	gesalzen
stekt	ßtäkt	gebraten

Wild und Geflügel

and (w)	and	Ente
dyresteik (w)	düüreßtaik	Rentierbraten
elg (m)	älg	Elch
grillet kylling (w) *gegrilltes Hähnchen*	grillät chülling	Brathähnchen
gås (w)	gooß	Gans
hare (m)	haare	Hase
hjort (m)	juurt	Hirsch
kalkun (m)	kalküün	Pute
kylling (w)	chülling	Hähnchen
orre (m)	orre	Birkhuhn
rapphøne (w)	rapphööne	Rebhuhn
rein (m)	rain	Rentier
rype (w)	rüüpe	Schneehuhn
rådyr (s)	roodüür	Reh

Gemüse

agurk (m)	agürk	Gurke
brekkbønner	bräkkebönner	grüne Bohnen
blomkål (m)	blommkool	Blumenkohl
bønner	bönner	Bohnen
ert (w)	ärt	Erbse
gulrot (w), (Mz **gulrøtter**)	güllrott (güllrötter)	Mohrrübe(n)
kål (m)	kool	Kohl
løk (m)	löök	Zwiebel
reddik (m)	räddik	Radieschen
rødkål (m)	röökool	Rotkohl
sjampinjonger	schampin-jonger	Champignons
sopp (m)	ßopp	Pilz
surkål (m)	ßüürkool	Sauerkraut

alkoholfreie Getränke, Milchprodukte

kaffe (m)	kaffe	Kaffee
melk, mjølk (w)	mälk, mjölk	Milch
surmelk (w)	ßüürmälk	Sauermilch
rømme (w)	römme	saure Sahne
kjernemelk (w)	chärnemälk	Buttermilch
fløte (w)	fjöite	Sahne
saft (w)	ßafft	Saft
te (m)	tee	Tee
vann, vatn (s)	wann, watn	Wasser
med sukker	mee ßukker	mit Zucker
uten sukker	üten ßukker	ohne Zucker

flaske (w)	flaßke	Flasche
glass (s)	glass	Glas
kanne (w)	kanne	Kanne
kopp (m)	kopp	Tasse
krus (s)	krüüß	Krug

Kneipen

Es gibt eigentlich gar keine richtigen Kneipen in Norwegen. Die Orte, wo man hingeht, um etwas zu trinken oder zu essen, nennt man:

kafé (m), **kaffistove** (Nyn) kafee, kaffiißtuuwe	Café
snackbar (m) ßnäkkbaar	Imbissstube
fjellstue (w), **fjellstove** (Nyn) fjällßtüüe, fjällßtuuwe	Berggaststätte
gjestgiveri (s), **gjestgjeveri** (Nyn) jäßtjiiwärrii, jäßtjäwärii	Gasthaus
kro (m) kruu	Autobahnraststätte
gatekjøkken (s) gaatechökken	Pommesbude

Im gjestgiveri *kann man auch übernachten.*

Alkohol

Der Verkauf von Alkohol wird in Norwegen staatlich kontrolliert. Um den Konsum zu verringern, erhebt der Staat gewaltige Steuern, so dass die Preise sehr hoch sind. Eine Flasche Bier kostet umgerechnet vier Euro. Man kann Alkohol nicht in jedem Laden kaufen, sondern nur im vinmonopolet. Vor Feiertagen, Samstagen und Sonntagen stehen die Leute oft davor Schlange, um sich fürs Wochenende gut einzudecken.

Aber es werden auch Unmengen Alkohol schwarz in einsamen Kellern gebrannt. Jemand hat dies einmal „fast einen Volkssport" genannt. Vielleicht haben Sie mal Gelegenheit, beim Brennen zuzusehen – lassen Sie sich die Gaudi nicht entgehen!

Bayer *ist fast nie im Angebot.*

bayer (m)	baier	dunkles Bier
bitter (m)	bitter	Magenbitter
brennevin (m)	brännewiin	Branntwein
fatøl (s)	fattöll	Fassbier
hvitvin (m)	wiitwiin	Weißwein
karveakvavit (m)	karweaakewitt	Kümmelschnaps
kirsebær-brennevin (m)	chirßebäär-brännewiin	Kirschwasser
konjakk (m)	konjakk	Weinbrand
likør (m)	liiköör	Likör
linje akevitt (m)	liinje aakewitt	Schnaps
moltebærvin (m)	multebäärwiin	Multbeerwein
musserende vin (m)	müsseräne wiin	Sekt
pils (m)	pilß	helles Bier
rom (m)	ruum	Rum
rødvin (m)	rööwiin	Rotwein

sterk	ßtärk	schwer
svak	ßwaak	leicht
søt	ßött	süß
toddy (m)	tuddü	Grog
vin (m)	wiin	Wein
tørr	törr	herb/trocken
øl (s)	öll	Bier

im Supermarkt

In fast allen norwegischen Supermärkten gibt es eine Unmenge an Broten und Milchprodukten. Bei den Broten findet man vier wichtige Sorten:

loff loff	Weißbrot (wie bei uns)
kneippbrød knaipbröö	eine Art Halbkornbrot (hat interessanten Geschmack)
grovbrød, rugbrød groowbröö, rüggbröö	Schwarzbrot (wird importiert)
rundstykker rünnßtükker	Brötchen

Bei den anderen Brotsorten sollte man vorsichtig sein: Besonders süße Brote kann man an ihrem Geruch erkennen.

Melk, mjølk, lettmjølk ist die normale Milch. Rømme entspricht saurer Sahne und fløte süßer Sahne, die auch als Kaffeezusatz wie Dosenmilch verwendet wird.

Milch- und Brotpreise werden übrigens meist nicht aufgedruckt, sondern sie hängen als Tabelle an der Wand.

Hvor finnes det ...?
wo finnäß dä
wo findet-sich es
Wo gibt es ...?

smør (s)	ßmöör	Butter
egg (s)	ägg	Ei
is (s)	iiß	Eis
honning (m)	honning	Honig
ost (w)	uußt	Käse
kake (m)	kaake	Kuchen
pepper (m)	päpper	Pfeffer
salt (s)	ßalt	Salz
hvetebrød (s)	weetebröö	Weißbrot
sukker (m)	ßukker	Zucker

Achten Sie bei Butter unbedingt auf usaltet (ungesalzen) bzw. saltet (gesalzen). Margarine hat fast immer Salz.

Unterkunft

Überall in Norwegen gibt es Campingplätze. Wer aber nicht im Hotel wohnen will und auch nicht im Zelt oder Wohnwagen schlafen will, kann sich auch für ein paar Tage eine Hütte mieten. Diese Hütten sind kleine Holzhäuser und bestehen meist aus einem gemütlichen Zimmer mit Kochnische.

Toiletten und Waschbecken (auch für das Geschirr) sind in einem Extra-Häuschen (für alle Gäste gemeinsam). Dort befinden sich auch Duschen, für deren Benutzung man ein paar Kronen zahlt und die drinnen einen Warmwasser-Münzautomat haben. Wenn Sie ein Geldstück einwerfen und Glück haben, funktioniert er. Aber nach einigen Minuten wird das Wasser wieder eiskalt.

askebeger (s)	aßkebeeger	Aschenbecher
utgang (m)	üttgang	Ausgang
bil (m)	biil	Auto, Wagen
bad (s)	baad	Badezimmer
seng (w)	ßäng	Bett
dynetrekk (s)	düüneträkk	Bettbezug
sengeteppe (s)	ßängetäppe	Bettdecke
laken (s)	laaken	Bettlaken
sengctøy (s)	ßängetoi	Bettwäsche
strykejern (s)	ßtrüükejärn	Bügeleisen
bøtte (w)	bötte	Eimer
inngang (m)	inngang	Eingang
heis (m)	haiß	Fahrstuhl

vindu (s)	windüü	Fenster
hage (m)	haage	Garten
hus (s)	hüüß	Haus
ovn (m)	own	Heizung
komfyr (m)	komfüür	Herd
hytte (w)	hütte	Hütte
peis (m)	paiß	Kamin
kjeller (s)	chäller	Keller
pute (w)	püüte	Kissen
klokke (w)	klokke	Klingel
kjøkken (s)	chökken	Küche
kjøleskap (s)	chööleßkaap	Kühlschrank
lampe (w)	lampe	Lampe
bryter (m)	brüüter	Lichtschalter
ovn (m)	own	Ofen
papirkurv (m)	papiirkurw	Papierkorb
regning (m)	raining	Rechnung
rense	renße	reinigen
lås (m)	looß	Schloss
nøkkel (m)	nökkel	Schlüssel
skap (s)	ßkaap	Schrank
skuff (m)	ßküff	Schublade
lenestol (m)	leeneßtuul	Sessel
speil (s)	ßpail	Spiegel
stikkontakt (m)	ßtikkuntakt	Steckdose
stol (m)	ßtuul	Stuhl
bord (s)	buur	Tisch
duk (m)	düük	Tischdecke
toalettpapir (s)	toalättpapiir	Toilettenpapier
gryte (w)	grüüte	Topf
dør (w)	döör	Tür
vegg (m)	wägg	Wand
vask (m)	waßk	Waschbecken

vann (s)	wann	Wasser
vannkrann (w)	wannkrann	Wasserhahn
bo	buu	wohnen
campingvogn (w)	kämpingwoogn	Wohnwagen
ullteppe (s)	ülltäppe	Wolldecke
værelse (s)	wäärälße	Zimmer

Camping

Veit du om et vandrerhjem?
wait dü omm ät wandrärjämm
weißt du um ein Wanderheim
Kennst du eine Jugendherberge?

Hvor finnes det en campingplass?
wo finnäß dä än kämpingplass
wo findet-sich es ein Campingplatz
Wo gibt es einen Campingplatz?

Hytter ledig	**opptatt**
hütter läädi	opptatt
Hütten frei	besetzt

Har du ennå noen ledige hytter?
har dü ännoo nuen läädie hütter
Hast du noch eine freie Hütte?

Hvor mange personer/voksne er dere?
wo mange pärschuuner/wokßne är däre
Wie viele Personen/Erwachsene seid ihr?

Vi vil bli her ei natt / ... dager.
wi will blii här ai natt/... daager
wir wollen bleiben hier eine Nacht / ... Tage
Wir wollen hier eine Nacht / ... Tage bleiben.

Hva koster det per døgn?
wa koßter dä pär döin
was kostet das für Tag
Wie viel kostet das pro Tag?

Kan du låne meg ...?
kann dü loone mai
kannst du leihen mir
Kannst du mir ... leihen?

... er i stykker.
... är ii ßtükker
... ist in Stücke
... ist kaputt.

Hvor kan jeg parkere bilen?
wo kann jai parkäre biilen
wo kann ich parken Wagen-der
Wo kann ich den Wagen parken?

Jeg vil gjerne dusje en gang.
jai will järne düsche än gang
ich würde gern duschen ein Mal
Ich würde gern einmal duschen.

Hotel

enkeltrom (s)	änkätruum	Einzelzimmer
dobbeltrom (s)	dobbältruum	Doppelzimmer
med/uten	mee/üten	mit/ohne
toalett (m)	toalätt	Toilette
dusj (m)	düsch	Dusche
balkong (m)	balkong	Balkon

Jeg har bestilt et rom.
jai haar bäßtillt ät ruum
ich habe bestellt ein Zimmer
Ich habe ein Zimmer bestellt.

Har du et ledig rom?
haar dü ät läädi ruum
Hast du ein freies Zimmer?

Kunne jeg se på rommet?
künne jai ße poo rumme
können ich sehen auf Raum-der
Könnte ich mal das Zimmer sehen?

Tar du det?
taar dü dä
nimmst du es
Nimmst du es?

Jeg liker det ikke.
jai liiker dä ikke
ich mag es nicht
Mir gefällt es nicht.

Hvor mye koster rommet per døgn/uke?
wo müüe koßter rumme pär döin/üke
wie viel kostet Raum-der für Tag/Woche
Wie viel kostet das Zimmer pro Tag/Woche?

Blir det noe ekstrautgifter å betale?
bliir dä nue äkßtraütjifter oo bätale
wird es etwas außer zu bezahlen
Gibt es noch Nebenkosten?

Jeg synes prisen er for høy.
jai ßüüneß priißen är for höi
ich meine Preis-der ist für hoch
Mir scheint der Preis zu hoch.

Geld, Formulare, Telefonieren & Internet

Passen Sie auf, wenn Sie Wechselgeld bekommen; denn es kann passieren, dass Sie dänische Kronen wiederbekommen, die weniger Wert haben. Auch schwedische Kronen sehen fast genauso aus, haben aber ebenfalls einen etwas niedrigeren Wert als die norwegischen Kronen.

Ausfüllen von Formularen

adresse (m)	aadrässe	Adresse
alder (m)	alder	Alter
bilpapirer	biilpapiirer	Wagenpapiere
blankett (m)	blankätt	Formular
bosted (s)	buußtäd	Wohnort
by (m)	büü	Stadt
dato (m)	datuu	Datum
delstat (m)	dälßtaat	Bundesland
etternavn (s)	ättärnafn	Familienname
familieforhold (s)	famiilieforholl	Familienstand
fornavn (s)	fornafn	Vorname
fylke (s)	füülke	Verwaltungsbezirk
fødselsdag (m)	föddßälßdaag	Geburtstag
førerkort (s)	föörärkort	Führerschein
gate (w)	gaate	Straße
innreise (m)	innraiße	Einreise
land (s)	innraiße	Land
legitimasjon (m)	lägimitaschoon	Ausweis

pass (s)	pass	Reisepass
religion (m)	räligiuun	Religion
skjema (s)	scheema	Formular
stat (m)	scheema	Staat
sted (s)	ßtäd	Ort
tillatelse (m)	tillaatälße	Erlaubnis
underskrift (w)	unnärßkrift	Unterschrift
utreise (m)	üütraiße	Ausreise
vaksinasjon (m)	wakßinaschuun	Impfung
yrke (s)	üürke	Beruf

Telefonieren

Öffentliche Telefonzellen sind rot angestrichen. Telefonzellen gibt es an vielen Tankstellen, in großen Geschäften, Bahnhöfen und Flughäfen, jedoch nicht in der Post, denn die ist nur für Briefe, Pakete etc. zuständig! Teleonate vom Hotelzimmer sind teurer.

Handys sind auch in Norwegen sehr verbreitet. Man darf aber nicht erwarten, in einsamen, ortsfernen Gegenden eine gute Verbindung zu bekommen. Man kann norwegische SIM-Karten für den Gebrauch im Land kaufen. Für alle telefonischen Angelegenheiten gibt es oft die sogenannte Telebutikk.

*In einen Telefonapparat wirft man mindestens zwei Kronen ein. Es werden nur Ein- und Fünf-Kronen-Stücke akzeptiert. Die meisten Automaten akzeptieren gleichzeitig auch Karten (*telefonkort „täläfuunkort“*), die an Kiosken und in fast allen Läden erhältlich sind.*

Jeg vil gjerne kjøpe en kontantkort uten mobiltelefon.
Ich will gerne kaufen eine Prepaidkarte ohne Handy
Ich möchte eine Prepaidkarte ohne Handy kaufen.

Internet

Es gibt zahlreiche Internetcafés, jedoch sind diese auf die großen Städte beschränkt. In kleineren Orten findet man oft ein paar PCs - etwa in Buchhandlungen - an denen man das Internet nutzen kann.

Hvor er det en internet café?
wo ist das ein Internet Café
Wo gibt es ein Internetcafé?

Kan jeg her lese og sende Epost?
kann ich hier lesen und senden Emails
Kann ich hier E-Mails lesen und senden?

Krank sein

In vielen kleinen Dörfern oder Städten hat es keinen Zweck, erst lange nach einem Arzt zu suchen. Dafür gibt es aber immer eine Legevakt (Sanitätswache). Dort wird man Ihnen weiterhelfen, wenn es Ihnen schlecht geht. Medikamente und Krankenhauskosten müssen grundsätzlich in bar bezahlt werden, internationale Krankenscheine nutzen nichts. Lassen Sie sich aber in jedem Fall eine ausführliche Rechnung für Ihre Krankenkasse geben.

Jeg er blitt stukket/bitt av ...
jai är blitt ßtukket/bitt af
ich bin geworden gestochen/gebissen von
Ich bin von ... gestochen/gebissen worden.

In diesen Satz können Sie unverändert einsetzen:

en veps (m)	wäpß	eine Wespe
en orm (m)	oorm	eine Schlange
en kråkebolle (m)	krookebolle	ein Seeigel
en mygg (m)	müügg	eine Mücke
ei bikkje (w)	bichche	ein Köder
en hund (m)	hünn	ein Hund

Jeg trenger noe mot ...
jai tränger nue muut
Ich brauche etwas gegen ...

snue (m)	ßnüe	Schnupfen
diaré (m)	diaree	Durchfall
smerte (m)	ßmärte	Schmerzen
hodepine (m)	huudepiine	Kopfschmerzen
kvalme (m)	kwalme	Übelkeit

Hvor finnes det en legevakt/apotek?
wo finnäß dä än lägewakt/apotäk
wo findet-sich es eine Ärztewache/Apotheke
Wo gibt es eine Sanitätswache/Apotheke?

Jeg hoster mye.
jai hußter müüe
Ich huste viel.

Jeg er forkjølet.
jai är forchöölet
Ich bin erkältet.

Det klør her.
dä klöör här
Es juckt hier.

Jeg er kvalm.
jai är kwalm
Mir ist übel.

Jeg har tannverk.
jai haar tannvärk
Ich habe Zahnschmerzen.

Statt tannverk können Sie auch folgende Ausdrücke unverändert einsetzen:

utslett ütschlätt	Ausschlag
feber feeber	Fieber
vondt i magen wunnt ii magn *schlecht im Magen*	Bauchschmerzen
vondt i halsen wunnt ii halßen *schlecht im Hals*	Halsschmerzen
hodepine huudepiine	Kopfschmerzen
skåret meg ßkoorät mai *geschnitten mich*	mich geschnitten
brent meg brännt mai *verbrannt mich*	mich verbrannt
fått noe i øyet foot nue ii öie *bekommen etwas in das-Auge*	etwas ins Auge bekommen

Toilette & Co.

Zum Örtchen kann man sich durchfragen mit folgender Frage:

Hvor er toalettene?	**Damer**	**Herrer**
wo är toalättäne	damer	härrer
wo sind Toiletten-die	Damen	Herren
Wo sind die Toiletten?		

Hvor finnes det offentlige toaletter her?
wo finnäß dä uffäntlie toalätter här
wo findet-sich es öffentliche Toilette hier
Wo gibt es öffentliche Toiletten hier?

Jeg må gå på toalett/bad/do.
jai moo goo poo toalätt/baad/duu
ich muss gehen auf Toilette/Bad/Klo
Ich muss auf Toilette/ins Bad/aufs Klo gehen.

Det finnes ikke såpe her.
dä finnäß ikke soope här
es findet-sich nicht Seife hier
Hier gibt es keine Seife.

Kan jeg få noe toalettpapir?
kann jai foo nue toalättpapiir
kann ich bekommen etwas Toilettenpapier
Könnte ich Toilettenpapier bekommen?

Skyllingen fungerer ikke lenger.
ßküllingen füngärer ikke länger
Spülung-die funktioniert nicht länger
Die Spülung funktioniert nicht.

Schimpfen & Fluchen

Es gibt sehr viele Ausdrücke, um andere Leute zu beleidigen. Aber die findet man ja in jeder Sprache. Ich empfehle allerdings nicht, diese Ausdrücke zu gebrauchen. Es reicht, sie zu verstehen. Ich hoffe jedoch, dass Sie diese Ausdrücke nicht zu hören bekommen..

Wie Sie sehen, benutzt man in den Ausdrücken das Wort din (dein) anstelle von „du".

Din tosk! diin toßk *dein Dummkopf*	Du Doofmann!, Dummkopf!
Din snik! diin ßniik	Du Lump!
Din slask! diin ßlaßk	Du Schlappschwanz!
Elendige kjeltring! äländie chältring *elendiger Schurke*	Elender Schurke!
Din drittsekk! diin drittsekk *dein Scheißsack*	Du Arsch!

Dritt!	driit	Scheiße!
Sludder!	ßlüdder	Unsinn!
Tull!	tüll	Quatsch!
Hold kjeft! *halt Maul*	holl chäft	Halt's Maul!

Vom Deutschen ableiten

Mit Hilfe der folgenden Tabelle können Sie viele Wörter verstehen, ohne im Wörterbuch nachschlagen zu müssen. Mit ein bisschen Übung werden Sie schon nach kurzer Zeit fast alles lesen können.

Mitlaute

... wird zu ...		Beispiel		
p	> pf, ff	**panne**	panne	Pfanne
		håpe	hoope	hoffen
t	> z, ss, ß	**telt**	tält	Zelt
		hate	haate	hassen
		fat	faat	Fass
k	> k, ch	**koste**	koßte	kosten
		ekte	äkte	echt
d	> t	**dag**	daag	Tag
		hard	harrd	hart
v	> w, b	**gave**	gaawe	Gabe
		vil	will	will
hv	> w	**hvem**	wämm	wem
ks	> chs	**seks**	ßäkß	sechs
kk	> ck	**dekke**	däkke	decken
sk	> sch	**skole**	ßkuule	Schule
sl	> schl	**slepe**	schläppe	schleppen
sn	> schn	**snaps**	schnappß	Schnaps
sm	> schm	**smerte**	ßmärte	Schmerz

Selbstlaute (lang & betont)

... wird zu ...		Beispiel		
i	> ei	**min**	miin	mein
u	> au	**hus**	hüüß	Haus
y	> eu, äu	**fyr**	füür	Feuer

Vorsilben

... wird zu ...		Beispiel		
u-	> un-	**ufred**	üfreed	Unfriede
be-	> be-	**betale**	bätaale	bezahlen
for-	> ver-	**forlag**	forlaag	Verlag
inn-	> ein-	**innreise**	innraiße	Einreise
ut-	> aus-	**utgang**	üttgang	Ausgang

Endungen

-dom	dom	-tum
-dømme	dömme	-tum
-else	älße	-ung
-ende	änne	-end
-ere	äre	-ieren
-eri	äri	-erei
-het	heet	-heit, -keit
-inne	inne	-in
-ing	ing	-ung
-isk	iißk/ißk	-isch
-isme	ißme	-ismus
-leg	leeg/läg	-lich
-lig	li	-lich
-løs	löößß	-los
-ning	ning	-ung

-sjon	schoon	-tion
-sk	ßk	-isch
-skap	ßkaap	-schaft
-ske	ßke/schke	-in
-som	ßomm	-sam
-vis	wiiß	-weise
-ør	öör	-eur

Wörter, die Sie schon kennen

Manche Buchstaben werden anders geschrieben:

kk	**v**	**m**
ck	w	mm

Bei Tätigkeitswörtern kommen vor:

-ere	**-e**
-ieren	-en

arm (m) arm
auge (s) äüge
baby (m) bäbii
bad (s) baad
bade baade
ball (m) ball
bein (s) bain
bevege bäwäge
bilde (s) bilde
billig billi
binde binne
bitter bitter
blind blinn
blond blonn
bremse (m) brämße
brenne bränne
bringe bringe
dum dumm
falle falle
familie (m) famiilie
fange fange
felt (s) fält
ferie (m) fäärie
figur (m) figüür
film (m) fiilm
finger (m) finger
fornem forneem

fotografere fotografäre
gardin (m) gardiin
gift (m) jift
giftig jifti
glass (s) glass
gras (s) grass
grell gräll
grense (m) gränße
hals (m) halß
hammer (m) hammer
hand (w) hann
handle handle
henge hänge
himmel (m) himmäl
hund (m) hünn
høre hööre
insekt (s) insäkt
interessant intäräßann
jakke (w) jakke
kaffe (m) kaffe
kam (m) kamm
kamera (s) kamäraa
klar klaar
klebe kläbe
klebrig kläbri
komme komme
korn (s) korn
koste koßte
kraft (w) kraft
krig (m) kriig
krum krumm
ku (w) küü
kunst (m) künßt
lampe (w) lampe
land (s) lann
lang lang
lese leeße
luft (w) lüft
male maale
mann (m) mann
merke meerke
metall (s) mätall
morgen (m) morn
motor (m) mutuur
muskel (m) müßkäl
normal nurmaal
papir (m) papiir
passe passe
passende passänne
pensel (m) pänßäl
plate (w) plaate
postkort (s) poßtkort
pudder (s) püdder
pulver (s) pülwer
pumpe (w) pumpe
punkt (s) pünkt
radio (m) radiuu
rand (m) rann
regelmessig rägälmässi
reparere räparäre
ring (m) ring
rose (w) ruuße
rund rünn
saft (w) ßaft
sand (m) ßann
sommer (m) ßommer
spare ßpaare
spill (s) ßpill
spinne ßpinne
sport (m) ßporrt
stein (m) ßtain

stengel (m) ßtängel
stille ßtille
stinke ßtinke
stoff (s) ßtoff
stokk (m) ßtokk
strand (w) ßtrann
streng ßtäng
studere ßtüdäre
stum ßtümm
suppe (w) ßüppe
treffe träffe
ur (w) üür
vare (m) waare
varm warm
vase (m) waaße
veg (m) wai
vinter (m) winter
vits (m) witß

Kleines Nynorsk-Vokabular

Das Nynorsk ist eine reine Schriftsprache. Sie wurde geschaffen, um den vielen, vom Bokmål sehr abweichenden Dialekten eine bessere schriftliche Ausdrucksform zu geben. Da es nun für ein Wort eine verblüffende Bandbreite von verschiedenen Ausdrucksformen gibt, wurde eine Lautschrift nur dort eingetragen, wo es eine Aussprache gibt, die in fast allen Dialekten gleich ist.

nynorsk		bokmål	nynorsk	bokmål	
-ju-	>	**-y-**	**sjuk** schüük	**syk** süük	krank
-au-	>	**-ø-**	**rauk** räük	**røk** röik	rauchte
-øy-	>	**-ø-**	**køyra** chöira	**kjøre** chööre	fahren
-ei-	>	**-e-**	**skreiv** ßkraiw	**skrev** ßkräw	schrieb
-leg	>	**-lig**	**tidleg** tiidläg	**tidlig** tiidli	früh

Viele Nynorsk-*Wörter kann man auch ableiten, wenn man die Zusammenhänge kennt.*

Ansonsten unterscheiden sich vor allem auch die Endungen, wobei oft -a- anstelle des -e- (bokmål) steht.

In der folgenden Übersicht führe ich die wichtigsten abweichenden Wörter in nynorsk an. Es sind auch ein paar allgemeine Wörter aus der Landwirtschaft dabei, die man auch in bokmål verwenden kann.

auge (s) äüge Auge
beite (w) baite Weide
bilete (s) billäte Bild
born (Mz) boorn Kinder
bu buu wohnen
budeie (w) Stallmagd
byrja anfangen
de (Mz) dii ihr
dei (Mz) dai sie
di ... di je ... desto
djup tief
dreg dreeg zieht
drikk drikk trinkt
dykk dükk euch
dykkar dükkar euer
eftan (m) Nachmittag
eg äg ich
eige besitzen
eikor (w) irgendeine
ein, eit ain ein
ein gong ain gong einmal
einkvan irgendein
einskild einfach
eitkvart (s) aikwart irgendwas
eng (w) äng Wiese
enno änno noch
et frisst
fekk fäkk bekam
fell fäll fällt
fer fährt
fjøs (s) Kuhstall
fleire flaire mehr
frå froo von
fyrst zuerst
føre vor
gjekk jäkk ging
gjer jär tut
gjesta jäßta besuchen
gjev jäw gibt
granne (m) Nachbar
grev gräbt
grip greift
græt weint
heil ganz
heime haime zu Hause
heiter haiter heißt
held hält
heng hängt
hennar (w) hännar ihr
hjå bei

ho (w) huu sie
honom honnom ihn
hovud (m) huwudd Kopf
høgg schlägt
høy (s) Heu
ikkje nicht
kjem chämm kommt
koma på sich erinnern
kor korr wo
korkje korje weder
korleis korlais wie
kva ka was
kvar kwar jeder
kvarandre kwarandre einander
kven kwän wer, wen
kvifor kiifor warum
kvige (w) junge Kuh
kyrkje (w) chürche Kirche
laurdag (m) läürdaag Samstag
leigd hjelp Dienstleute
let lässt
løe (w) Heuboden
mark (w) Flur
meir mehr
morgon (m) morrgon Morgen
mykje mütche viel
noko nokko etwas
nokon nokkon jemand
nokre (Mz) nokkre einige
purke (w) Sau
risa riißa aufstehen
seia sagen
sia seit
sit sitzt
sjuk schüük krank
sjølv schöll selbst
skriv ßkriif schreibt
stall (m) Pferdestall
stallkar (m) Stallknecht
stig steigt
syng singt ßüng
søv schläft
såleis ßoolaiß so
taus (w) Magd
teia schweigen
tek teek nimmt
til dømes zum Beispiel
tysdag (m) tüschdaag Dienstag
udyrka unbebaut
utan ütaan ohne
utløe (w) Feldscheune
vart waart wurde
veke (w) weeke Woche
ven schön
vera wära sein
vert wärt wird

Literaturhinweise

Es gibt leider nur eine geringe Auswahl von Lehrbüchern der norwegischen Sprache und nur wenige, die gut sind.

Die hier genannten Bücher/Schriften sind nicht über den Reise Know-How Verlag erhältlich.

Strandskogen, Norsk for Utlendinger, Gyldendal Norsk Forlag, Oslo. – *Mehrere Bände, Arbeitsbuch, Kassetten und Wörterverzeichnisse.*

Norsk Grammatikk for Utlendinger, vom gleichen Verlag, ISBN 82-05-10324-0. – *Teuer!*

Deutsch-Norwegisch Enzyklopädie, Leipzig, 302 Seiten, 12.000 Stichwörter.

Norwegisch-Deutsch Enzyklopädie, Leipzig, 302 Seiten (1984), auch 12.000 Stichwörter.

Tysk norsk/Norsk tysk Ordbok, ny utgave, vom Gyldendal Norsk Forlag Oslo. – *Größer, teurer, umfassender.*

Langenscheidts Praktisches Lehrbuch Norwegisch von Kjell Bjørnskau. – *Grammatik übersichtlich dargestellt, auch für Nynorsk, ansonsten enttäuschend.*

Wörterliste Deutsch – Bokmål

Die Wörterlisten enthalten einen Grundwortschatz von ca. 1000 Wörtern. Vokabular, das man in den einzelnen Kapiteln nachschlagen kann, ist hier nicht immer aufgeführt. Das grammatische Geschlecht der Hauptwörter ist immer angegeben. Die Eigenschaftswörter werden nur in ihrer männlichen Form angegeben.

A

ab av
abbiegen svinge
Abend aften (m)
aber men
abfahren reise
Abfall søppel (w)
abschleppen taue
abtrocknen tørke
abwaschen vaske opp
ähnlich lik
alle alle
alle sein være slutt
allein alene
allgemein allmen
als da
alt gammel
Ameise maur (w)
andere(r, -s) annen
anfangen begynne
angeben skryte
angeln fiske
angenehm hyggelig
Angst haben være redd
anhaben ha på seg
anhalten stanse
Anhalter haiker (m)
anrufen ringe opp
anschalten slå på
anschauen se på
antworten svare
anziehen kle på seg
Apfel eple (s)
Apfelsine apelsin (m)
arbeiten arbeide
ärgern (über), sich ergre seg (over)
arm fattig
Arzt lege (m)
auch også
auch nicht heller ikke
auf på
aufhören holde opp
aufmachen lukke opp
aufstehen stå opp
Aufzug heis (m)
Auge øye (s)
aus fra, av
ausländisch utenlandsk
ausleihen låne ut
ausmachen slå av
ausschalten slokke
aussteigen stige ut
Ausweis legitimasjon (m)
ausziehen ta av

B

backen bake
Bahnhof stasjon (m)
Bahnsteig perrong (m)
bald snart
Band bånd (s)

Bauch mage (m)
bauen bygge
Bauernhof bondegård (m)
Baum tre (s)
Baumwolle bomull (w)
Becher beger (m)
bedeuten bety
beeilen skynde seg
Beere bær (s)
befehlen befale
bei hos
Beispiel eksempel (s)
beißen bite
bekommen få
belegtes Brot smørbrød (s)
beleidigen fornærme
benötigen behøve
bequem behagelig
Berg fjell (s)
Beruf yrke (s)
berühmt berømt
Berühmter kjendis (m)
besaufen drikke seg full
bescheiden beskjeden
besitzen eie
besondere(r, -s) særlig
bestellen bestille, tinge
besuchen besøke
beten be
betrügen lure
betrunken full
Bett seng (w)
Bett machen re opp
betteln tigge
bevor før
beweisen bevise
bezahlen betale
biegsam bøyelig
Biene bie (w)
Bier øl (s)
Birne pære (w)
bis til
bitten um be om
Blatt blad (s)
blau blå
bleiben forbli
bleich blek
Bleistift blyant (m)
blitzen lyne
blöd sløv
Blue Jeans olabukse (w)
Blume blomst (m)
Blut blod (s)
bluten blø
Boden gulv (s)
Bonbon drops (s)
Boot båt (m)
böse sint
braten steike
brauchen trenge
braun brun
breit bred
Brett fjøl (w)
Brief brev (s)
Briefmarke frimerke (s)
Brot brød (s)
Brötchen rundstykke (s)
Brücke bru (w)
Bruder bror (m)
Brust bryst (s)
Buch bok (w)
Buchstabe bokstav (m)
Bügeleisen strykejern (s)
bügeln stryke
bunt broket
Büro kontor (s)
Bürste børste (w)
Butter smør (s)

C

Chef sjef (m)

D

da der
Dach tak (s)
damals den gang
damit så
Dampf damp (m)
danke takk
dass at
Daumen tommel (m)
Decke teppe (s)
denken tenke på
derselbe samme
deutlich tydelig

Deutsch tysk
dicht tett
dick tykk
dieser den
Ding ting (s)
doof dorsk
Dorf grend (w)
dort der borte
Dose boks (m)
Dosenöffner bokseåpner (m)
Draht tråd (m)
draussen ute
drehen snu
drinnen inne
drüben borte
du du
dunkel mørk
dünn tynn
durch gjennom
durchsichtig gjennomsiktig
dürfen få
dürr tørr
durstig tørst
duschen dusje
düster skummel

E

eben nettopp
echt ekte
Ecke hjørne (s)
ehrlich ærlig
Ei egg (s)
eifersüchtig sjalu
eigen egen
Eimer bøtte (m)
ein, eine, eines en, ei, et
einfach enkel
einige noen
einkaufen kjøpe inn
einladen innby
einsam ensom
einsteigen stige inn
eintreten gå inn
einzig eneste
Eis is (s)
elend elendig
empfehlen anbefale
empfindlich følsom
eng trang
entscheiden bestemme seg
entweder enten
entwickeln fremkalle
er han
erbärmlich ussel
Erdbeere jordbær (s)
Erde jord (w)
erfinden oppfinne
erinnern huske
erklären forklare
erlauben tillate
Ernst alvorlig
erschrecken bli redd
erste(r, -s) første
erwachsen voksen
erzählen fortelle
es det
es gibt det finnes
essen spise
Essen mat (s)
etwas noe

F

Faden tråd (m)
Fahne flagg (s)
fahren kjøre
Fahrkarte billett (m)
Fahrplan kjøreplan (m)
Fahrrad sykkel (m)
falls (wenn) hvis
falsch gal
Farbe farge (m)
fast nesten
faul doven
Feder fjær (w)
fehlen være borte
fein fin
Fenster vindu (s)
Fernseher fjernsyn (s)
fertig ferdig
fest fast
fett feit
feucht fuktig
Feuer ild (m)
feuern gi sparken
finden finne
Fingernagel negl (m)
Fisch fisk (m)
flach flat
Flasche flaske (w)
Fleisch kjøtt (s)

fleissig flittig
Fliege flue (w)
fliegen fly
fliehen flykte
fliessen renne
Flügel vinge (m)
Flughafen lufthavn (m)
Fluss elv (w)
flüssig flytende
folgen følge etter
fragen (nach) spørre (etter)
Frau kvinne (m)
frech frekk
frei ledig
freiwillig frivillig
fremd fremmed
freuen (auf), sich glede seg (til)
Freund venn (m)
Freundin venninne (w)
freundlich vennlig
Friedhof kirkegård (m)
frieren fryse
frisch fersk
froh glad
Frosch frosk (m)
fruchtbar fruktbar
früh tidlig
Frühling vår (m)
Frühstück frokost (m)
fühlen føle
führen føre
für for
furchtbar fryktelig
Fuß fot (m)
Fußball fotball (m)
Fußball spielen sparke

G

Gabel gaffel (m)
ganz helt
Garten hage (m)
Gebäude bygning (m)
geben gi
geboren født
gebraten stekt
gebraucht brukt
geduldig tålmodig
geeignet skikket
gefährlich farlig
gefallen like
Gefängnis fengsel (s)
geheim hemmelig
gehen gå
gehören tilhøre
geizig gjerrig
gekocht kokt
gelb gul
Geld penger (Mz)
gelten gjelde
gemein gemen
gemischt blandet
Gemüse grønnsaker (Mz)
genau nøyaktig
genießen nyte
genug nok
gerade rett
gerecht rettferdig
gern gjerne
Geschäft forretning (m)
geschehen hende
Geschichte historie (m)
Geschlecht kjønn (s)
geschlossen lukket
Gesellschaft selskap (s)
Gesetz lov (s)
Gesicht ansikt (s)
Gespenst spøkelse (s)
gestern i går
gesund frisk, sunn
Getränk drikk (m)
getrennt skilt
Gewehr gevær (s)
gewinnen vinne
gierig grådig
gießen helle
glatt sleip
glauben tro
gleich lik
Gleis spor (s)
Gletscher bre (m), jøkkel (m)
Glocke klokke (w)
glotzen glo
glücklich lykkelig
Gold gull (s)
graben grave
grau grå
grausam grusom
greifen gripe
gröhlen skråle

groß stor
grün grønn
grüßen hilse
gucken kigge
gültig gyldig
Gummiband strikk (m)
Gummistiefel gummistøvler (Mz)
Gürtel belte (m)
gut god

H

Haare hår (s)
haben ha
Hafen havn (m)
halten holde
Handschuh hanske (m)
Handtasche håndveske (w)
Handtuch håndkle (s)
hart hard
Hase hare (m)
hässlich stygg
hauen hogge
Haupt- hoved-
Haus hus (s)
Haut hud (m)
heben løfte
Heer hær (m)
heil uskadd
heilig hellig
heiraten gifte seg med
heiß het
heißen hete, heite
helfen hjelpe
hell lys
Helm hjelm (m)
Hemd skjorte (w)
her hit
heraus ut
Herbst høst (m)
herstellen fremstille
herüber over
herunter ned
Herz hjerte (s)
heute i dag
hier her
hinter bak
hoch høy
Hochebene vidde (w)
hoffen håpe
höflich høflig
hohl hul
holen hente
Holz tre (s)
Honig honning (m)
Hose bukse (w)
hübsch pen
Huhn høne (w)
Hunger sult (m)
hungrig sulten
Hut hatt (m)

I

ich jeg
ihr dere
immer alltid
immer noch stadig
in i
in (Zukunft) om
innere(r, -s) indre
Insel øy (w)

J

ja ja
Jahr år (s)
je ... desto jo ... desto
jeder hver
jetzt nå
jucken klø
jung ung
Junge gutt (m)

K

kalt kald
kämmen greie
kämpfen kjempe
kaputt i stykker
Karte kort (s)
Kartoffel potet (m)
Käse ost (m)
Katze katt (m)
kaufen kjøpe
Kaufhaus varehus (s)
Kaugummi tyggegummi (m)
kaum neppe
kein ingen
kennen kjenne

kennen lernen bli kjent med
Kessel kjel (m)
Kette kjede (s)
Kind barn (s)
Kinn hake (m)
Kirche kirke (w)
Kirsche kirsebær (s)
Kissen pute (m)
Kiste kasse (m)
klauen kvarte
Klebstoff lim (s)
Kleid kjole (m)
klein liten
kleine små (Mz)
Kleingeld småpenger (Mz)
Klingel klokke (w)
Klosett do (s)
klug klog
kneifen knipe
kneten kna
Knie kne (s)
Knochen bein (s)
Knopf knapp (m)
Knoten knute (m)
Koch kokk (m)
kochen koke
Koffer koffert (m)
Kohle kull (s)
können kunne
Kopf hode (s)
Korb kurv (m)
Korken(zieher) kork(etrekker) (m)
Körper kropp (m)
kotzen spy
krank syk
Krankenhaus sykehus (s)
Kreide kritt (s)
Kreis sirkel (m)
kriechen krype
Küche kjøkken (s)
Kuchen kake (w)
Kugel kule (w)
Kugelschreiber kulepenn (m)
Kühlschrank kjøleskap (s)
künstlich kunstig
kurz kort, stutt
Kuss kyss (m)
küssen kysse hverandre

L

lachen über le av
lächerlich latterlig
Laden buttikk (m)
Landkreis fylke (s)
längs langs
langsam langsom
langweilig kjedelig
lau lunken
laufen løpe
Laune humør (s)
laut høy
Lautsprecher høytaler (m)
leben leve
lebendig levende
Lebensmittel dagligvarer (Mz)
lecken slikke
Leder lær (s)
ledig ugift
leer tom
legen legge
Lehrer lærer (m)
leicht lett
leise lav
Leiter stige (w)
lernen lære
letzte(r, -s) siste
Leute folk (Mz)
Licht lys (s)
lieb kjær
Liebe kjærlighet (m)
lieben elske
Lied sang (m)
liegen ligge
linke(r, -s) venstre
Lippe leppe (w)
Loch hull (s)
Löffel skje (m)
lose løs
lügen lyve
Lust lyst (w)
Lust haben gidde
lustig morsom

M

machen lage, gjøre
Mädchen jente, pike (w)
man sollte burde
männlich mandig
Mantel frakk (m)
Markt torg (s)
Marmelade syltetøy (s)
Matsch slaps (m)
Mauer mur (w)
Maus mus (w)
meckern gnåle
Meer hav (s)
Mehl mjøl (s)
(mehr) als enn
meinen synes
Mensch menneske (s)
messen måle
Messer kniv (m)
mieten leie
Milch mjølk (w)
mischen blande
mit med
mogeln jukse
möglich mulig
Mond måne (m)
morgen i morgen
Motorrad motorsykkel (m)
Mücke mygg (m)
Mückenstich myggestikk (s)
müde trett, trøtt
Müll søppel (m)
Mund munn (m)
Münze mynt (w)
müssen måtte
mutig modig
Mutter mor (w)
Mütze lue (w)

N

nach etter
nach Hause hjem
Nachbar nabo (m)
nachdem etter at
nachdenken lure på
nächst nærmeste
nächste neste
Nacht natt (w)
nackt naken
Nadel nål (w)
Nagel spiker (m)
nahe bei nær
nähen sy
Name navn (m)
Napf skål (w)
Nase nese (w)
nass våt
Nebel tåke (w)
neben ved
nehmen ta
neidisch misunnelig
nein nei
nett snill
Netz nett (s)
neu ny
neugierig nysgjerrig
nicht ikke
nicht brauchen slippe
nichts ingenting
nie aldri
niedrig lav
niemand ingen
niesen nyse
noch ennå
noch einmal en gang til
norwegisch norsk
nötig nødvendig
nüchtern edru
nur bare
Nuss nøtt (w)
Nutte skjøge (w)
nützlich nyttig

O

ob om
oben oppe
Obst frukt (w)
obwohl enda, skjønt
oder eller
Ofen ovn (m)
offen åpen
öffentlich offentlig
öffnen åpne
oft ofte
ohne uten
Ohr øre (s)
Öl olje (w)
Oma bestemor (w)

Opa bestefar (m)
Ort sted (s)
Osten øst (m)

P

Paket pakke (m)
peinlich pinlig
Peitsche pisk (m)
Pfeife pipe (w)
Pferd hest (m)
Pfirsich fersken (m)
Pflanze plante (w)
pflegen pleie
Pfütze pytt (w)
Pilz sopp (m)
pinkeln tisse
Plattenspieler platespiller (m)
Platz plass (m)
plötzlich plutselig
plump klosset
Polarkreis polarsirkel (m)
Polizei politi (s)
probieren prøve
pünktlich punktlig
Puppe dukke (w)

Q

quälen pine
Quatsch tull (s)
Quelle kilde (w)
quer tvers
Quittung kvittering (w)

R

Rad hjul (s)
Rahmen ramme (m)
Ramsch skrap (s)
Rasen plen (m)
raten gjette
Ratte rotte (w)
Rauch røyk (m)
rauchen røyke
rauf (herauf) opp
rau ru
Raum rom (s)
raus (heraus) fram
rechnen regne
Rechnung regning (m)
rechts høyre
reden tale
Regal bokhylle (w)
Reh rådyr (s)
reich rik
reif moden
rein (herein) inn
Reis ris (m)
reißen rive
reiten ri
Richter dommer (m)
richtig riktig
riechen lukte
Rock skjørt (s)
roh rå
rot rød
rufen rope
ruhig rolig
rülpsen rape
rumstehen stå og henge
rumtreiben flytte rundt

S

Sache sak (w)
Sack sekk (m)
sagen si
Salz salt (s)
Sarg kiste (w)
satt mett
Satz setning (m)
sauber ren
sauer sur
saufen pimpe
Schachtel eske (m)
schädlich skadelig
Schaf sau (m)
schaffen klare
Schal skjerf (s)
Schale skål (w)
schämen, sich skamme seg
scharf skarp
Schatten skygge (m)
scheinen skine
scheißen skite
Schere saks (w)
scheußlich fæl
schicken sende
schieben skyve

Schiene skinne (w)
schießen skyte
Schiff skip (s)
Schild skilt (s)
Schinken skinke (w)
Schirm skjerm (m)
schlafen sove
schlagen slå
Schlägerei slagsmål (s)
Schlange orm (m)
schlank slank
schlappmachen gi opp
schlau lur
schlecht dårlig
schleimig slimet
schließen lukke
schließlich endelig
Schloss slott (s)
Schlüssel nøkkel (m)
schmal smal
schmeißen kaste
Schmuck smykker (Mz)
schmutzig skitten
Schnaps dram (m), knert (m)
schnarchen snorke
Schnee snø (m)
schneiden skjære
schnell rask
schön deilig, vakker
Schrank skap (s)
Schraube skrue (w)
Schraubenzieher skrujern (s)
schrecklich skrekkelig
schreiben skrive
Schublade skuff (m)
Schuh sko (m)
Schulden gjeld (m)
Schule skole (w)
schwach svak
Schwamm svamp (m)
schwanger gravid
Schwanz hale (m)
schwänzen skulke
schwarz svart
schwedisch svensk
Schwein gris (m)
schwer tung
Schwester søster (m)
schwierig vanskelig
schwimmen svømme
See sjø (m)
Seele sjel (m)
Segel seil (s)
sehen se
sehnen nach lengte etter
sehr svært
Seife såpe (w)
sein (Tätigkeitswort/ Besitz) være/hans
seit siden
Seite side (w)
selten sjelden
seltsam merkelig
Senf sennep (m)
setzen sette
sicher trygg
sie hun
sie (Mz) de
Silber sølv (s)
singen synge
sitzen sitte
so slik
so dass slik at
sogar selv
Sohn sønn (m)
sollen skulle
Sonne sol (w)
sonst ellers
Soße saus (w)
sowohl ... als auch både ... og
Spaß moro (m), gøy (m)
spät sen
später senere
Spiegel speil (s)
spielen leke
Spielplatz lekeplass (m)
Spinne edderkopp (m)
spinnen veve
spitz spiss
Spitze topp (m)
sprechen snakke
Stadt by (m)
stark sterk
Staub støv (s)
Steckdose stikkontakt (m)
stehen stå
steif stiv
steil bratt
stellen stille

sterben dø
Stern stjerne (m)
Steuer skatt (m)
Stiefel støvel (m)
stolz kry
stören forstyrre
stoßen støte
Straße gate (w)
streicheln klappe
Streichholz fyrstikk (m)
streiten slåss
Strom strøm (m)
Strumpf strømpe (m)
Stück stykke (s)
Stuhl stol (m)
stumpf butt
Stunde time (w)
stur sta
suchen nach lete etter
süchtig avhengig
süß søt

T

Tag dag (m)
Tal dal (m)
tanzen danse
Tasche lomme (w), veske (w)
Taschenlampe lommelykt (w)
Tasse kopp (m)
taub døv
tauchen dykke
tauschen bytte
Taxi drosje (m)
Teig deig (m)
Teil del (m)
teilen dele
Teller tallerken (m)
teuer dyr
tief dyp
Tier dyr (s)
Tinte blekk (s)
Tisch bord (s)
Tochter datter (m)
toll kjempeflott
Topf gryte (w)
tot død
töten drepe
tragen bære
träumen drømme
traurig sørgelig
treffen møte
Treppe trapp (w)
treten trå
treu tro
trinken drikke
trocken tørr
Tropfen dråpe (m)
Tuch tøy (s)
Tür dør (w)
Turm tårn (s)

U

über over
überall overalt
übermorgen i overmorgen
übernachten overnatte
überreden overtale til
Uhr klokke (w)
um om
um herum omkring
umbringen ta livet av
umsteigen bytte
umziehen, sich kle seg om
un- u-
und og
ungefähr omtrent
unheimlich nifs
unschuldig uskyldig
unten nede
unter under
unter anderem blant annet
Unterhemd trøye (w)
Unterhose underbukse (w)
unternehmen foreta
Urlaub ferie (m)
ursprünglich opprinnelig

V

Vater far (m)
verantwortlich ansvarlig
verboten forbudt, forbode

Verbrechen forbrytelse (m)
Verein forening (m)
verfault råtten
vergangen sist
vergessen glemme
verheiratet gift
verkaufen selge
verlassen stole på
verletzen såre
verliebt forelsket
verlieren miste
verlobt forlovet
vermuten anta
vernünftig fornuftig
verprügeln jule opp
verrückt galen
verschieden forskjellig
verschwinden forsvinne
verspäten bli forsinket
versprechen love
verstecken gjemme
verstehen skjønne, forstå
versuchen forsøke
Vertrag kontrakt (m)
verwüstet øde
verzerrt forvrengt
viel mye
viele mange
vielleicht kanskje
viereckig firkantet
Vogel fugl (m)
voll full
völlig fullstendig
von fra
vor før
vorgestern i forgårs
vorige forrige
voriges Jahr i fjor
vorschlagen foreslå
vorsichtig forsiktig
Vorurteil fordom (m)

W

Waage vekt (w)
wach våken
wachsen gro
Waffe våpen (s)
wagen (etwas) tøre
Wagen bil (m)
Wahl valg (s)
wählen velge
wahr sann
während (Konj.) mens
während (Präp.) under
wahrscheinlich sannsynlig
Wald skog (m)
Wand vegg (m)
wann når
warten vente
warum hvorfor
was hva
waschen vaske
Wasser vann (s)
Wasserfall foss (m)
Watte vatt (m)
weder ... noch hverken ... eller
weg unna
weggehen gå bort
wegtun få vekk
weh tun gjøre vondt
weiblich kvinnelig
weich bløt,
Weihnachten jul (m)
weil fordi
Wein vin (m)
weinen gråte
weise vis
weiß hvit
weit fjern
weiter videre
welcher hvilken
Welle bølge (w)
Welt verden (m)
wen hvem
wenig litt
wenige få
weniger færre
wenn (zeitl.) når
wenn (falls) hvis, om
wenn nur bare
wer hvem
werfen hive
Werkzeug verktøy (s)
wertvoll verdifull
Wettbewerb konkurranse (m)
Wetter vær (s)
wichtig viktig
wie hvordan
wie (Vergl.) som

wieder igjen
wiederholen gjenta
wiegen veie
wild vill
wir vi
wirklich virkelig
wissen vite
wo hvor
Woche uke (w)
wohnen bo
Wohnung leilighet (m)
Wolke sky (w)
Wolle ull (w)
wollen ville
Wort ord (s)
wünschen ønske
Wurm orm (m)
Wurst pølse (w)
Wurzel rot (w)
wütend rasende

Z

zählen telle
zahm tam
Zahn tann (m)
Zahnbürste tannbørste (w)
Zahnpasta tannpasta (m)
Zange tang (w)
zart sart
zärtlich øm
Zaun gjerde (s)
Zeichen tegn (s)
zeigen vise
Zeit tid (w)
Zeitschrift ukeblad (s)
Zeitung avis (m)
Zelt telt (s)
zerbrechlich skjør
Zettel seddel (m)
Zeug greier (Mz)
Ziege geit (w)
Ziegel teglstein (m)
ziehen dra
ziemlich nokså
Zimmer værelse (s)
zu til, åt
zu Hause hjemme
zu sehr for
Zucker sukker (m)
zufällig tilfeldig
zufrieden tilfreds
Zug tog (s)
Zuhälter hallik (m)
zukünftig fremtidig
Zunge tunge (w)
zurück att, tilbake
zusammen sammen
Zweig kvist (m)
zweite(r, -s) annen
Zwiebel løk (m)
zwingen tvinge
zwischen mellom

A

aften (m) Abend
aldri nie
alene allein
alle alle
allmen allgemein
alltid immer
alvorlig Ernst
anbefale empfehlen
annen andere(r, -s); zweite(r, -s)
ansikt (s) Gesicht
ansvarlig verantwortlich
anta vermuten
apelsin (m) Apfelsine
arbeide arbeiten
at dass
att zurück
av ab, aus
avhengig süchtig
avis (m) Zeitung

B

bak hinter
bake backen
bare nur
barn (s) Kind
bær (s) Beere
bære tragen
både ... og sowohl ... als auch
bånd (s) Band
bare wenn nur
båt (m) Boot
be beten
be om bitten um
befale befehlen
beger (m) Becher
begynne anfangen
behagelig bequem
behøve benötigen
bein (s) Knochen
belte (m) Gürtel
berømt brühmt
beskjeden bescheiden
besøke besuchen
bestefar (m) Opa
bestemme seg entscheiden
bestemor (w) Oma
bestille bestellen
betale bezahlen
bety bedeuten
bevise beweisen
bie (w) Biene
bil (m) Wagen
billett (m) Fahrkarte
bite beißen
blad (s) Blatt
blande mischen
blandet gemischt
blant annet unter anderem
blek bleich
blekk (s) Tinte
bli forsinket verspäten
bli kjent med kennen lernen
bli redd erschrecken
blod (s) Blut
blomst (m) Blume
blyant (m) Bleistift
blø bluten
bløt, weich
blå blau
bo wohnen
bok (w) Buch
bokhylle (w) Regal
boks (m) Dose
bokseåpner (m) Dosenöffner
bokstav (m) Buchstabe
bomull (w) Baumwolle
bondegård (m) Bauernhof
bord (s) Tisch
borte drüben
bølge (w) Welle
børste (w) Bürste
bøtte (m) Eimer
bøyelig biegsam
bratt steil
bre (m) Gletscher
bred breit
brev (s) Brief
broket bunt
bror (m) Bruder
bru (w) Brücke
brukt gebraucht
brun braun
bryst (s) Brust
brød (s) Brot
bukse (w) Hose

burde man sollte
butt stumpf
buttikk (m) Laden
by (m) Stadt
bygge bauen
bygning (m) Gebäude
bytte umsteigen, tauschen

D

da als
dag (m) Tag
dagligvarer (Mz) Lebensmittel
dal (m) Tal
damp (m) Dampf
danse tanzen
datter (m) Tochter
dårlig schlecht
de sie (pl)
deig (m) Teig
deilig schön
del (m) Teil
dele teilen
den dieser
den gang damals
der da, wo
der borte dort
dere ihr
det es
det finnes es gibt
do (s) Klosett
dommer (m) Richter
dorsk doof
doven faul
dø sterben
død tot
dør (w) Tür
døv taub
dra ziehen
dram (m), Schnaps
drepe töten
drikk (m) Getränk
drikke trinken
drikke seg full besaufen
drops (s) Bonbon
drosje (m) Taxi
drømme träumen
dråpe (m) Tropfen
du du
dukke (w) Puppe
dusje duschen
dykke tauchen
dyp tief
dyr teuer
dyr (s) Tier

E

edderkopp (m) Spinne
edru nüchtern
egen eigen
egg (s) Ei
ei eine
eie besitzen
eksempel (s) Beispiel
ekte echt
elendig elend
eller oder
ellers sonst
elske lieben
elv (w) Fluss
en ein
en gang til noch einmal
enda obwohl
endelig schließlich
eneste einzig
enkel einfach
enn (mehr) als
ennå noch
ensom einsam
enten entweder
eple (s) Apfel
ergre seg over sich ärgern über
eske (m) Schachtel
et ein
etter nach
etter at nachdem

F

far (m) Vater
farge (m) Farbe
farlig gefährlich
fast fest
fattig arm
fæl scheußlich
færre weniger
få bekommen; dürfen; wenige
få vekk wegtun

feit fett
fengsel (s) Gefängnis
ferdig fertig
ferie (m) Urlaub
fersk frisch
fersken (m) Pfirsich
fin fein
finne finden
firkantet viereckig
fisk (m) Fisch
fiske angeln
fjell (s) Berg
fjern weit
fjernsyn (s) Fernseher
fjær (w) Feder
fjøl (w) Brett
flagg (s) Fahne
flaske (w) Flasche
flat flach
flittig fleißig
flue (w) Fliege
fly fliegen
flykte fliehen
flytende flüssig
flytte rundt rumtreiben
folk (Mz) Leute
for zu sehr; für
forbli bleiben
forbode verboten
forbrytelse (m) Verbrechen
forbudt verboten
fordi weil
fordom (m) Vorurteil
føre führen
forelsket verliebt
forening (m) Verein
foreslå vorschlagen
foreta unternehmen
forklare erklären
forlovet verlobt
fornuftig vernünftig
fornærme beleidigen
forretning (m) Geschäft
forrige vorige
forsiktig vorsichtig
forskjellig verschieden
forstyrre stören
forstå verstehen
forsvinne verschwinden
forsøke versuchen
fortelle erzählen
forvrengt verzerrt
foss (m) Wasserfall
fot (m) Fuß
fotball (m) Fußball
født geboren
føle fühlen
følge etter folgen
følsom empfindlich
før bevor, vor
første erste(r, -s)
fra von
frakk (m) Mantel
fram raus, heraus
frekk frech
fremkalle entwickeln
fremmed fremd
fremstille herstellen
fremtidig zukünftig
frimerke (s) Briefmarke
frisk gesund
frivillig freiwillig
frokost (m) Frühstück
frosk (m) Frosch
frukt (w) Obst
fruktbar fruchtbar
fryktelig furchtbar
fryse frieren
fugl (m) Vogel
fuktig feucht
full voll; betrunken
fullstendig völlig
fylke (s) Landkreis
fyrstikk (m) Streichholz

G

gaffel (m) Gabel
gal falsch
galen verrückt
gammel alt
gate (w) Straße
gå gehen
gå bort weggehen
gå inn eintreten
geit (w) Ziege
gemen gemein
gevær (s) Gewehr
gi geben
gi opp schlapp machen
gi sparken feuern

gidde Lust haben
gift verheiratet
gifte seg med heiraten
gjeld (m) Schulden
gjelde gelten
gjemme verstecken
gjennom durch
gjennomsiktig durchsichtig
gjenta wiederholen
gjerde (s) Zaun
gjerne gern
gjerrig geizig
gjette raten
gjøre tun
gjøre vondt weh tun
glad froh
glede seg til sich freuen auf
glemme vergessen
glo glotzen
gnåle meckern
god gut
gøy (m) Spaß
grave graben
gravid schwanger
greie kämmen
greier (Mz) Zeug
grend (w) Dorf
gripe greifen
gris (m) Schwein
gro wachsen
grusom grausam
gryte (w) Topf
grønn grün
grønnsaker (Mz) Gemüse
grå grau
grådig gierig
gråte weinen
gul gelb
gull (s) Gold
gulv (s) Boden
gummistøvler (Mz) Gummistiefel
gutt (m) Junge
gyldig gültig

H

ha haben
ha på seg anhaben
hage (m) Garten
haiker (m) Anhalter
hake (m) Kinn
hale (m) Schwanz
hallik (m) Zuhälter
han er
hanske (m) Handschuh
hard hart
hare (m) Hase
hatt (m) Hut
hav (s) Meer
havn (m) Hafen
hær (m) Heer
håndkle (s) Handtuch
håndveske (w) Handtasche
håpe hoffen
hår (s) Haare
heis (m) Aufzug
heite heißen
helle gießen
heller ikke auch nicht
hellig heilig
helt ganz
hemmelig geheim
hende geschehen
hente holen
her hier
hest (m) Pferd
het heiß
hete heißen
hilse grüßen
historie (m) Geschichte
hit her
hive werfen
hjelm (m) Helm
hjelpe helfen
hjem nach Hause
hjemme zu Hause
hjerte (s) Herz
hjul (s) Rad
hjørne (s) Ecke
hode (s) Kopf
hogge hauen
holde halten
holde opp aufhören
honning (m) Honig
hos bei
hoved- Haupt-
høflig höflich
høne (w) Huhn
høst (m) Herbst

høy hoch, laut
høyre rechts
høytaler (m) Lautsprecher
hud (m) Haut
hul hohl
hull (s) Loch
humør (s) Laune
hun sie
hus (s) Haus
huske erinnern
hva was
hvem wer, wen
hver jeder
hverken ... eller weder ... noch
hvilken welcher
hvis wenn, falls
hvit weiß
hvor wo
hvordan wie
hvorfor warum
hyggelig angenehm

I

i in
i dag heute
i fjor voriges Jahr
i forgårs vorgestern
i går gestern
i morgen morgen
i overmorgen übermorgen
i stykker kaputt
igjen wieder
ikke nicht
ild (m) Feuer
indre innere(r, -s)
ingen niemand, kein
ingenting nichts
inn rein (herein)
innby einladen
inne drinnen
is (s) Eis

J

ja ja
jeg ich
jente Mädchen
jo ... desto je ... desto
jord (w) Erde
jordbær (s) Erdbeere
jøkkel (m) Gletscher
jukse mogeln
jul (m) Weihnachten
jule opp verprügeln

K

kake (w) Kuchen
kald kalt
kanskje vielleicht
kasse (m) Kiste
kaste schmeißen
katt (m) Katze
kigge gucken
kilde (w) Quelle
kirke (w) Kirche
kirkegård (m) Friedhof
kirsebær (s) Kirsche
kiste (w) Sarg
kjede (s) Kette
kjedelig langweilig
kjel (m) Kessel
kjempe kämpfen
kjempeflott toll
kjendis (m) Berühmter
kjenne kennen
kjole (m) Kleid
kjær lieb
kjærlighet (m) Liebe
kjøkken (s) Küche
kjøleskap (s) Kühlschrank
kjønn (s) Geschlecht
kjøpe kaufen
kjøpe inn einkaufen
kjøre fahren
kjøreplan (m) Fahrplan
kjøtt (s) Fleisch
klappe streicheln
klare schaffen
kle på seg anziehen
kle seg om sich umziehen
klog klug
klokke (w) Glocke; Klingel; Uhr
klosset plump
klø jucken
kna kneten
knapp (m) Knopf
kne (s) Knie

knert Schnaps
knipe kneifen
kniv (m) Messer
knute (m) Knoten
koffert (m) Koffer
koke kochen
kokk (m) Koch
kokt gekocht
konkurranse (m) Wettbewerb
kontor (s) Büro
kontrakt (m) Vertrag
kopp (m) Tasse
kork (m) Korken
korketrekker (m) Korkenzieher
kort kurz
kort (s) Karte
kritt (s) Kreide
kropp (m) Körper
kry stolz
krype kriechen
kule (w) Kugel
kulepenn (m) Kugelschreiber
kull (s) Kohle
kunne können
kunstig künstlich
kurv (m) Korb
kvarte klauen
kvinne (m) Frau
kvinnelig weiblich
kvist (m) Zweig
kvittering (w) Quittung
kyss (m) Kuss
kysse hverandre küssen

L

lage machen
langs längs
langsom langsam
lære lernen
lærer (m) Lehrer
latterlig lächerlich
lav niedrig; leise
lær (s) Leder
låne ut ausleihen
le av lachen über
ledig frei
lege (m) Arzt
legge legen
legitimasjon (m) Ausweis
leie mieten
leilighet (m) Wohnung
leke spielen
lekeplass (m) Spielplatz
lengte etter sehnen nach
leppe (w) Lippe
lete etter suchen nach
lett leicht
leve leben
levende lebendig
ligge liegen
lik ähnlich; gleich
like gefallen
lim (s) Klebstoff
liten klein
litt wenig
lomme (w) Tasche
lommelykt (w) Taschenlampe
lov (s) Gesetz
love versprechen
løfte heben
løk (m) Zwiebel
løpe laufen
løs lose
lue (w) Mütze
lufthavn (m) Flughafen
lukke schließen
lukke opp aufmachen
lukket geschlossen
lukte riechen
lunken lau
lur schlau
lure betrügen
lure på nachdenken
lykkelig glücklich
lyne blitzen
lys hell
lys (s) Licht
lyst (w) Lust
lyve lügen

M

mage (m) Bauch
mandig männlich
mange viele
mat (s) Essen

maur (w) Ameise
måle messen
måne (m) Mond
måtte müssen
med mit
mellom zwischen
men aber
menneske (s) Mensch
mens während (Konj.)
merkelig seltsam
mett satt
mil (w) zehn km
miste verlieren
misunnelig neidisch
mjøl (s) Mehl
mjølk (w) Milch
moden reif
modig mutig
mor (w) Mutter
moro (m) Spaß
morsom lustig
motorsykkel (m) Motorrad
mørk dunkel
møte treffen
mulig möglich
munn (m) Mund
mur (w) Mauer
mus (w) Maus
mye viel
mygg (m) Mücke
myggestikk (s) Mückenstich
mynt (w) Münze

N

nabo (m) Nachbar
naken nackt
natt (w) Nacht
navn (m) Name
nær nahe bei
nærmeste nächst
nå jetzt
nål (w) Nadel
når wann,wenn
ned herunter
nede unten
negl (m) Fingernagel
nei nein
neppe kaum
nese (w) Nase
neste nächste
nesten fast
nett (s) Netz
nettopp eben
nifs unheimlich
noe etwas
noen einige
nok genug
nokså ziemlich
norsk norwegisch
nødvendig nötig
nøkkel (m) Schlüssel
nøtt (w) Nuss
nøyaktig genau
ny neu
nyse niesen
nysgjerrig neugierig
nyte genießen
nyttig nützlich

O

offentlig öffentlich
ofte oft
og und
også auch
olabukse (w) Blue Jeans
olje (w) Öl
om in (Zukunft); ob; um; wenn
omkring um herum
omtrent ungefähr
opp rauf, herauf
oppe oben
oppfinne erfinden
opprinnelig ursprünglich
or aus
ord (s) Wort
orm (m) Schlange; Wurm
ost (m) Käse
over herüber, über
overalt überall
overnatte übernachten
overtale til überreden
ovn (m) Ofen

P

pakke (m) Paket
pen hübsch
penger (Mz) Geld
perrong (m) Bahnsteig

pike (w) Mädchen
pimpe saufen
pine quälen
pinlig peinlich
pipe (w) Pfeife
pisk (m) Peitsche
plante (w) Pflanze
plass (m) Platz
platespiller (m) Plattenspieler
pleie pflegen
plen (m) Rasen
plutselig plötzlich
polarsirkel (m) Polarkreis
politi (s) Polizei
potet (m) Kartoffel
punktlig pünktlich
pute (m) Kissen
pytt (w) Pfütze
pære (w) Birne
pølse (w) Wurst
prøve probieren
på auf

R

ramme (m) Rahmen
rape rülpsen
rasende wütend
rask schnell
re opp Bett machen
regne rechnen
regning (m) Rechnung
reise abfahren
ren sauber
renne fließen
rett gerade
rettferdig gerecht
ri reiten
rik reich
riktig richtig
ringe opp anrufen
ris (m) Reis
rive reißen
rolig ruhig
rom (s) Raum
rope rufen
rot (w) Wurzel
rotte (w) Ratte
ru rau
rundstykke (s) Brötchen
rød rot
røyk (m) Rauch
røyke rauchen
rå roh
rådyr (s) Reh
råtten verfault

S

sak (w) Sache
saks (w) Schere
salt (s) Salz
samme derselbe
sammen zusammen
sang (m) Lied
sann wahr
sannsynlig wahrscheinlich
sart zart
sau (m) Schaf
saus (w) Soße
se sehen
se på anschauen
seddel (m) Zettel
seil (s) Segel
sekk (m) Sack
selge verkaufen
selskap (s) Gesellschaft
selv sogar
sen spät
sende schicken
senere später
seng (w) Bett
sennep (m) Senf
setning (m) Satz
sette setzen
si sagen
side (w) Seite
siden seit
sint böse
sirkel (m) Kreis
sist vergangen
siste letzte(r, -s)
sitte sitzen
sjalu eifersüchtig
sjef (m) Chef
sjel (m) Seele
sjelden selten
sjø (m) See
skadelig schädlich
skal sollen

skamme seg sich schämen
skap (s) Schrank
skarp scharf
skatt (m) Steuer
skikket geeignet
skilt getrennt
skilt (s) Schild
skine scheinen
skinke (w) Schinken
skinne (w) Schiene
skip (s) Schiff
skite scheißen
skitten schmutzig
skjære schneiden
skje (m) Löffel
skjerf (s) Schal
skjerm (m) Schirm
skjøge (w) Nutte
skjønne verstehen
skjønt obwohl
skjør zerbrechlich
skjørt (s) Rock
skjorte (w) Hemd
sko (m) Schuh
skog (m) Wald
skole (w) Schule
skrap (s) Ramsch
skrekkelig schrecklich
skrive schreiben
skrue (w) Schraube
skrujern (s) Schraubenzieher
skråle gröhlen
skuff (m) Schublade
skulke schwänzen
skulle sollen
skummel düster
sky (w) Wolke
skygge (m) Schatten
skynde seg beeilen
skryte angeben
skyte schießen
skyve schieben
skål (w) Schale, Napf
slagsmål (s) Schlägerei
slank schlank
slaps (m) Matsch
slåss streiten
sleip glatt
slik so
slik at so dass
slikke lecken
slimet schleimig
slippe nicht brauchen
slokke ausschalten
slott (s) Schloss
sløv blöd
slå schlagen
slå av ausmachen
slå på anschalten
smal schmal
smykker (Mz) Schmuck
smør (s) Butter
smørbrød (s) belegtes Brot
små (Mz) kleine
småpenger (Mz) Kleingeld
snakke sprechen
snart bald
snill nett
snorke schnarchen
snu drehen
snø (m) Schnee
sol (w) Sonne
som wie (Vergl.)
sopp (m) Pilz
sove schlafen
sparke Fußball spielen
speil (s) Spiegel
spiker (m) Nagel
spise essen
spiss spitz
spor (s) Gleis
spy kotzen
spøkelse (s) Gespenst
spørre (etter) fragen (nach)
sta stur
stadig immer noch
stanse anhalten
stasjon (m) Bahnhof
sted (s) Ort
steike braten
stekt gebraten
sterk stark
stige (w) Leiter
stige inn einsteigen
stige ut aussteigen
stikkontakt (m) Steckdose
stille stellen
stiv steif
stjerne (m) Stern
stol (m) Stuhl

stole på verlassen
stor groß
støvel (m) Stiefel
strikk (m) Gummiband
stryke bügeln
strykejern (s) Bügeleisen
strøm (m) Strom
strømpe (m) Strumpf
stutt kurz
stygg hässlich
stykke (s) Stück
støte stoßen
støv (s) Staub
stå stehen
stå og henge rumstehen
stå opp aufstehen
sukker (m) Zucker
sult (m) Hunger
sulten hungrig
sunn gesund
sur sauer
svak schwach
svamp (m) Schwamm
svare antworten
svart schwarz
svensk schwedisch
svinge abbiegen
svært sehr
svømme schwimmen
sy nähen
syk krank
sykehus (s) Krankenhaus
sykkel (m) Fahrrad
syltetøy (s) Marmelade
synes meinen
synge singen
særlig besondere(r, -s)
sølv (s) Silber
sønn (m) Sohn
søppel (w) Abfall (m)üll
sørgelig traurig
søster (m) Schwester
søt süß
så damit
såpe (w) Seife
såre verletzen

T

ta nehmen
ta av ausziehen
ta livet av umbringen
tak (s) Dach
takk danke
tale reden
tallerken (m) Teller
tam zahm
tang (w) Zange
tann (m) Zahn
tannbørste (w) Zahnbürste
tannpasta (m) Zahnpasta
taue abschleppen
tegn (s) Zeichen
teglstein (m) Ziegel
telle zählen
telt (s) Zelt
tenke på denken
teppe (s) Decke
tett dicht
tid (w) Zeit
tidlig früh
tigge betteln
til bis, zu
tilbake zurück
tilfeldig zufällig
tilfreds zufrieden
tilhøre gehören
tillate erlauben
time (w) Stunde
ting (s) Ding
tinge bestellen
tisse pinkeln
tog (s) Zug
tom leer
tommel (m) Daumen
topp (m) Spitze
torg (s) Markt
trang eng
trapp (w) Treppe
tre (s) Baum; Holz
trenge brauchen
trett müde
tro glauben; treu
trygg sicher
trøtt müde
trøye (w) Unterhemd
trå treten
tråd (m) Faden, Draht
tull (s) Quatsch
tung schwer
tunge (w) Zunge

tvers quer
tvinge zwingen
tydelig deutlich
tyggegummi (m) Kaugummi
tykk dick
tynn dünn
tysk Deutsch
tøre wagen (etwas)
tørke abtrocknen
tørr dürr, trocken
tørst durstig
tøy (s) Tuch
tå (w) Zeh
tåke (w) Nebel
tålmodig geduldig
tårn (s) Turm

U

u- un-
ugift ledig
uke (w) Woche
ukeblad (s) Zeitschrift
ull (w) Wolle
under unter; während
underbukse (w) Unterhose
ung jung
unna weg
uskadd heil
uskyldig unschuldig
ussel erbärmlich
ut heraus
ute draußen
uten ohne
utenlandsk ausländisch

V

vakker schön
valg (s) Wahl
vann (s) Wasser
vanskelig schwierig
varehus (s) Kaufhaus
vaske waschen
vaske opp abwaschen
vatt (m) Watte
ved neben
vegg (m) Wand
veie wiegen
vekt (w) Waage
velge wählen
venn (m) Freund
venninne (w) Freundin
vennlig freundlich
venstre linke(r, -s)
vente warten
verden (m) Welt
verdifull wertvoll
verktøy (s) Werkzeug
veske Tasche
veve spinnen
vi wir
vidde (w) Hochebene
videre weiter
viktig wichtig
vill wild
villc wollen
vin (m) Wein
vindu (s) Fenster
vinge (m) Flügel
vinne gewinnen
virkelig wirklich
vis weise
vise zeigen
vite wissen
voksen erwachsen
vær (s) Wetter
være sein
være borte fehlen
være redd Angst haben
være slutt alle sein
værelse (s) Zimmer
våken wach
våpen (s) Waffe
vår (m) Frühling
våt nass

Y, Æ, Ø, Å

yrke (s) Beruf
ærlig ehrlich
øde verwüstet
øl (s) Bier
øm zärtlich
ønske wünschen
øre (s) Ohr
øy (w) Insel
øye (s) Auge
åpen offen
åpne öffnen
år (s) Jahr
åt zu

Der Autor

O'Niel V. Som wurde 1966 in Essen geboren und lebt auch heute noch dort. Direkt nach seinem Abitur schrieb er dieses Buch; heute ist er Arzt. Nebenbei gibt er Spanischunterricht, da Sprachen sein Hobby sind.

„Vor ein paar Jahren wurde ich es leid, in den Ferien immer in den Süden zu fahren und mich am Strand zu sonnen. Ich machte zum ersten Mal eine „Abenteuerfreizeit" mit, eine Tour durch Dänemark, Schweden und Norwegen. Dort fing ich an, die Sprache zu lernen, was mir nicht besonders schwer fiel. Bereits nach kurzer Zeit konnte ich mit ein paar Ausdrücken eine einfache Unterhaltung führen. Mit diesem Büchlein möchte ich anderen Interessenten eine praktische Hilfe zum Erlernen der Sprache geben. Verbesserungsvorschläge sind immer willkommen und können an den Verlag geschickt werden."

Von O'Niel V. Som erschienen in der Kauderwelsch-Reihe ebenfalls die Bände „Spanisch – Wort für Wort" und „Niederländisch – Wort für Wort".

DIE
VIER
ELEMENTE

LUFT